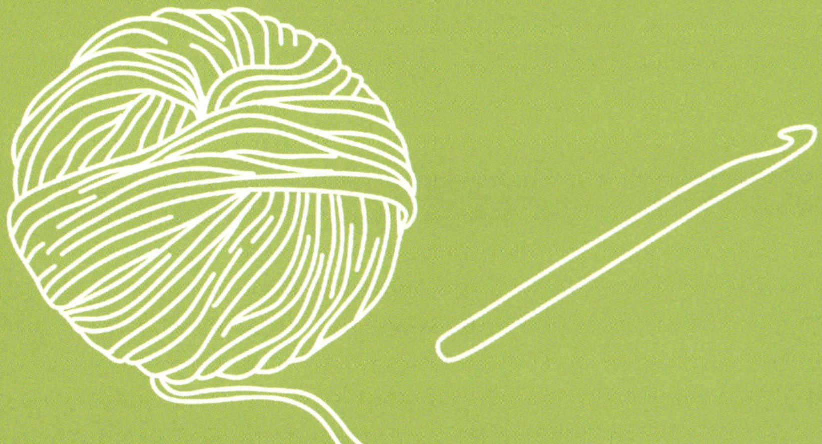

Schnupperkurs

HÄKELN

FANNY MITULA

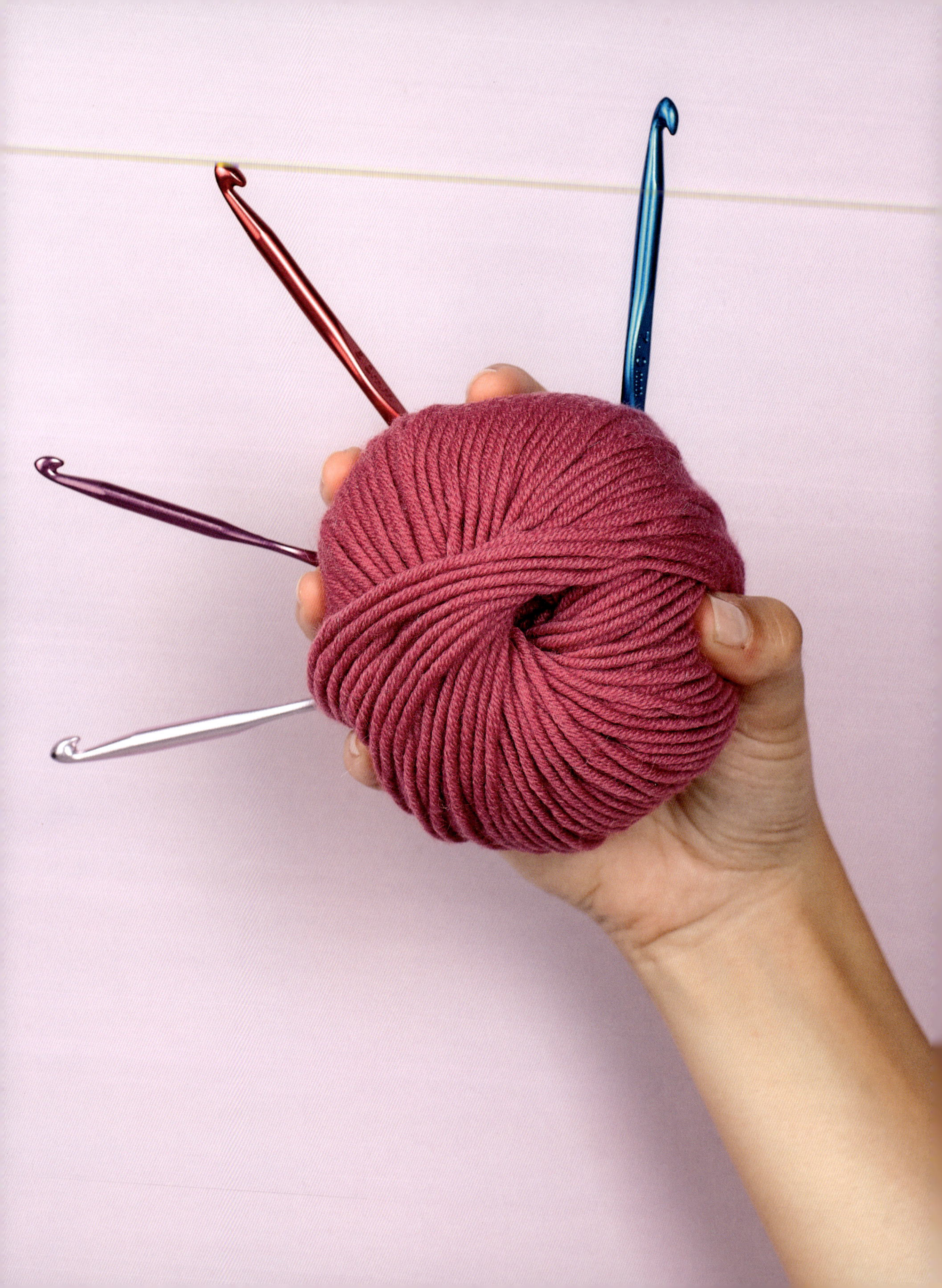

Schnupperkurs
HÄKELN

FANNY MITULA

DU WEISST NICHT, WAS DU KANNST, WENN DU ES NICHT VERSUCHST!

Mal etwas Neues probieren, eine neue Leidenschaft entdecken, die neue Liebe zum Selbermachen erkunden. Offline gehen und etwas mit den eigenen Händen erschaffen, mit Erfolgsgarantie!

Beim Häkeln, Nähen oder Upcyceln deines ersten Modells lernst du alles Notwendige. Jede Menge Schrittbilder und ein Videotutorial vom ersten Schritt bis zum fertigen Modell sorgen für ein leichtes und ganz sicher auch richtiges Nacharbeiten – die Erfolgsformel der Schnupperkurs-Reihe!

Entdecke anhand toller Bilder die Welt und die Lust am Kreativen. Was du an deinem ersten Modell gelernt hast, kannst du direkt bei weiteren Modellen und Varianten anwenden.

Na, Lust bekommen? Hier bist du genau richtig!

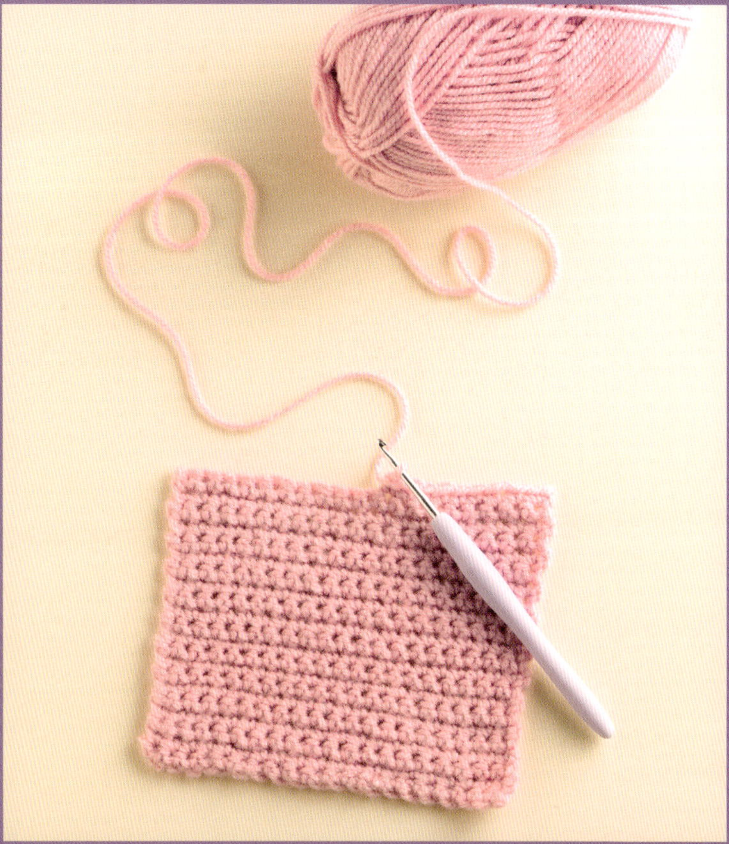

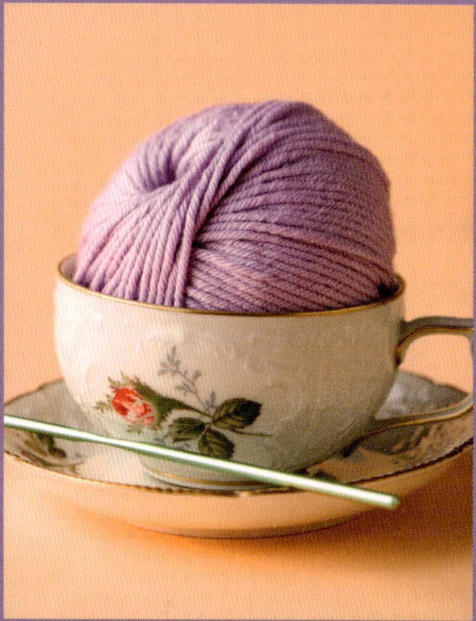

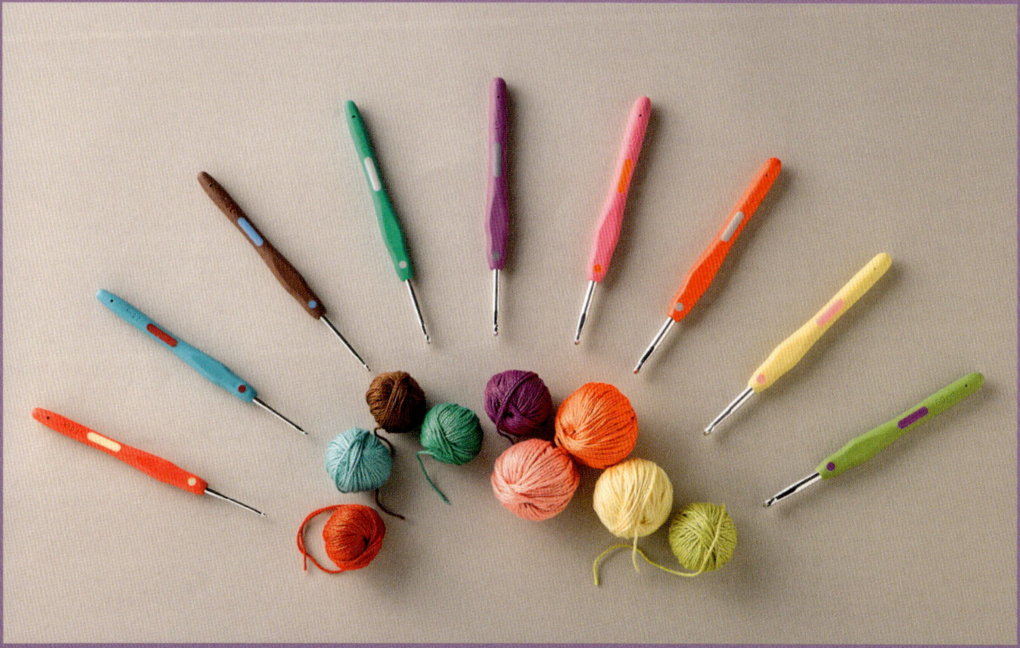

INHALT

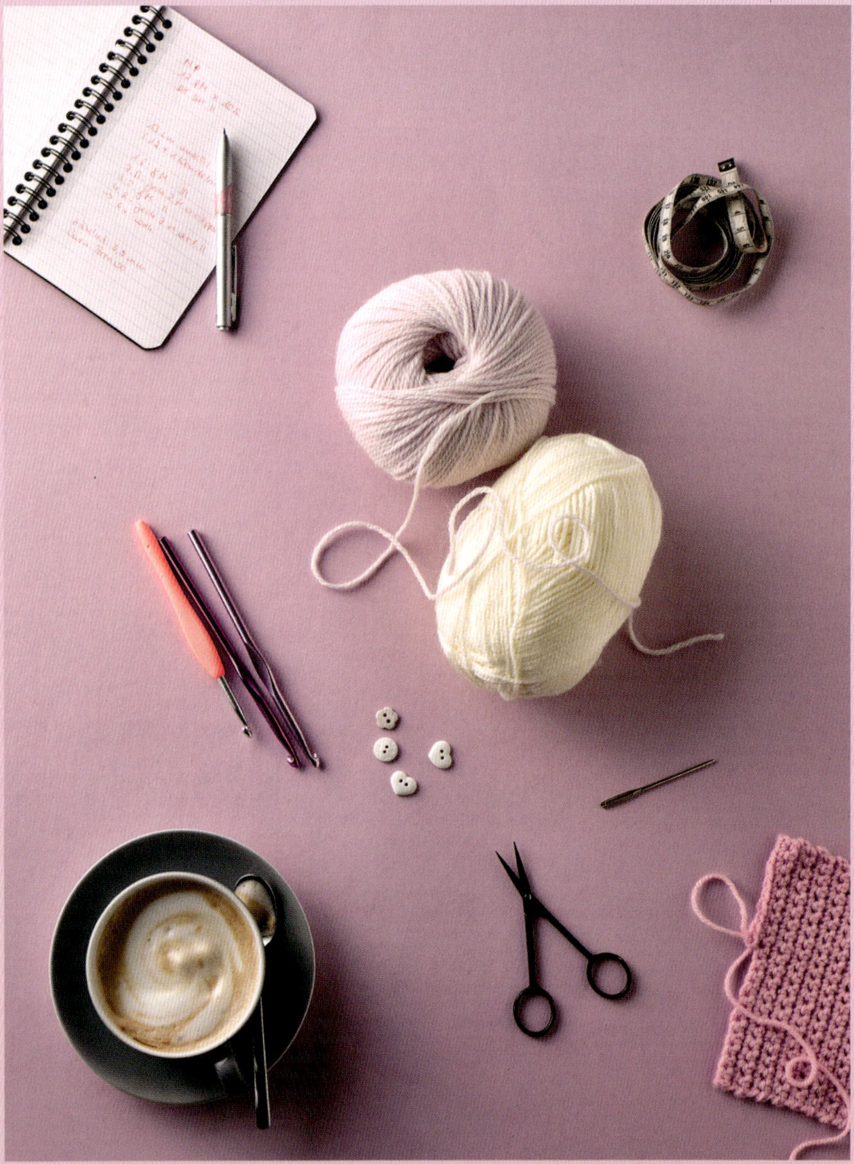

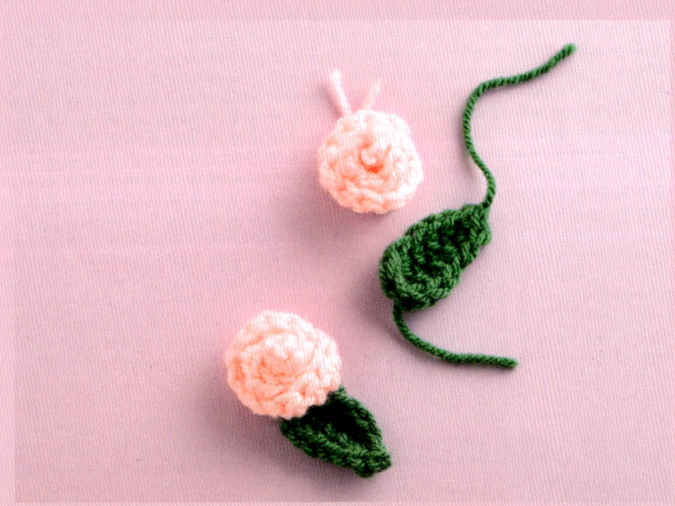

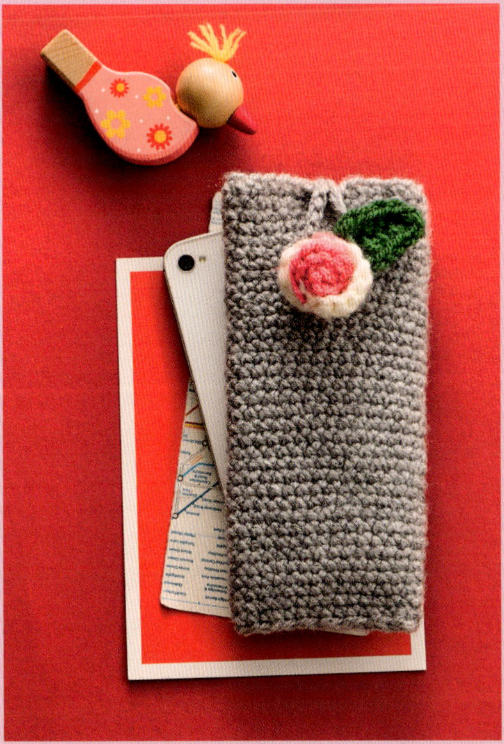

Du kannst alles Schritt für Schritt als Video-Tutorial ansehen. Registriere dich am besten gleich in der digitalen Bibliothek und schalte dir dein Video frei. Den Code dafür findest du auf Seite 80.

DIE NEUE HÄKELLUST

Vor ein paar Jahren war Handarbeiten noch ziemlich out und wurde als Oma-Hobby belächelt.

Doch nun schwingen und klappern auch bei jungen Leuten die Nadeln wieder und keiner muss sich mehr mit einem selbstgehäkelten Accessoire verstecken. Mit neuen Garnen, Farben und Mustern sowie Schritt-für-Schritt-Anleitungen mit Fotos oder Videos wird Handarbeiten auch Einsteigern näher gebracht. Selbstgemacht ist voll im Trend. Und Häkeln liegt dabei ganz vorne.

Das Schöne am Häkeln ist, dass man nicht viel dafür braucht, um beginnen zu können. Aus einem Knäuel Wolle und einer Häkelnadel lassen sich unendlich viele Dinge herstellen, von kleinen Häkeltieren über coole Mützen mit passendem Schal bis hin zu trendigen Wohnaccessoires.

Und ganz nebenbei eignet sich Häkeln wunderbar zur Entspannung und zum Stressabbau, denn regelmäßige Handbewegungen und die Konzentration auf das Projekt machen den Kopf frei, wirken sehr beruhigend und sind obendrein ein sehr gutes Training fürs Gehirn – viele positive Dinge, die Häkeln für dich bereit hält.

Na, schon neugierig geworden?

In einfachen und leicht nachvollziehbaren Schritten zeige ich dir, wie du dein erstes kleines Projekt häkeln kannst. Damit bist du mit den Häkelgrundlagen ausgestattet, um danach mit größeren Häkelarbeiten starten zu können. Los geht's!

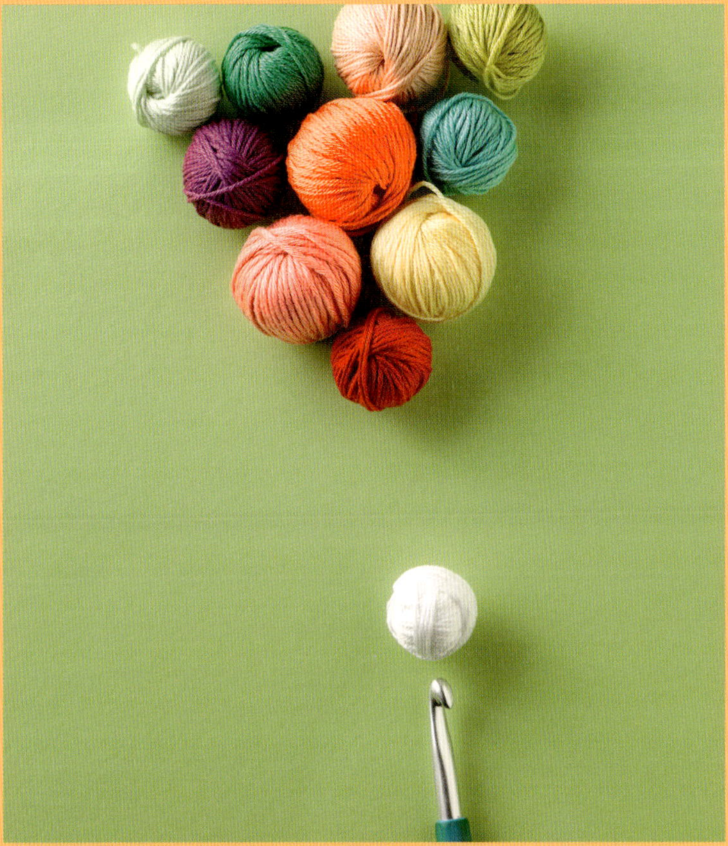

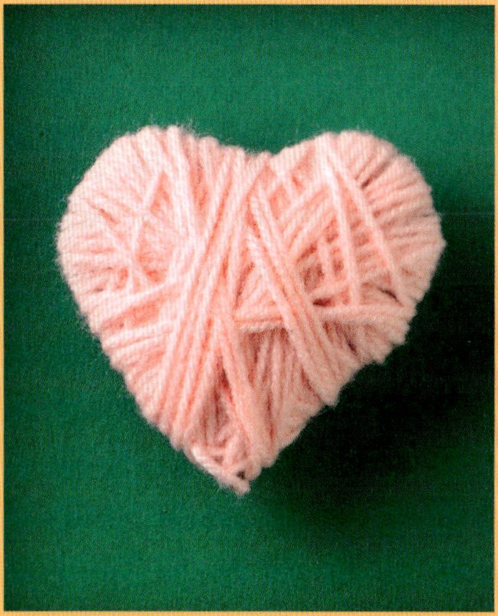

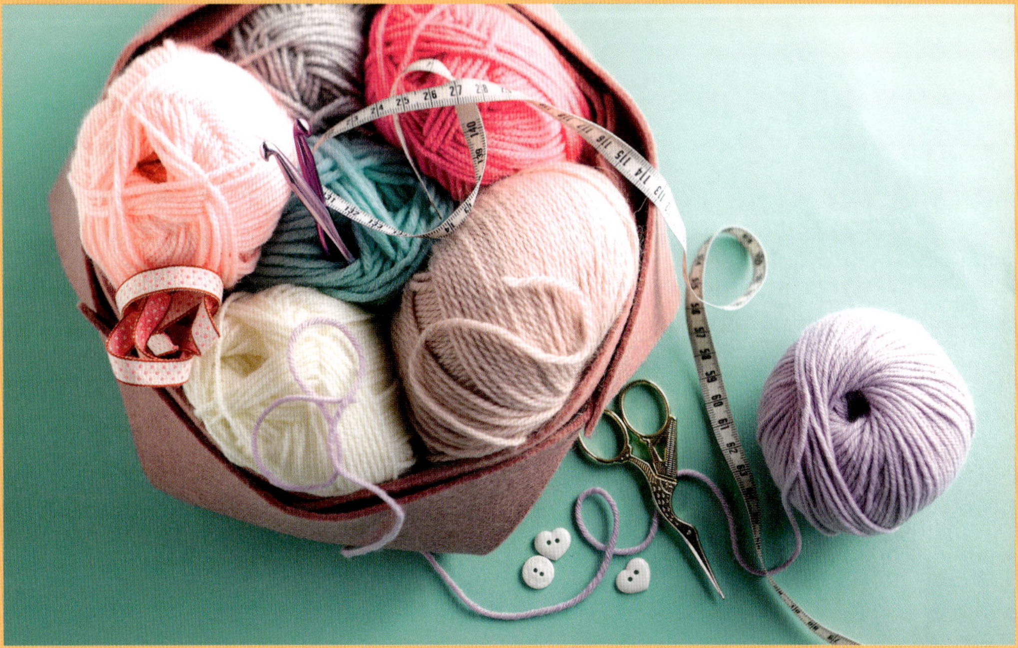

MATERIAL

Garne

Es gibt eine riesige Auswahl an Garnen. Diverse Qualitäten und Stärken von verschiedensten Herstellern sind erhältlich. Ich möchte Licht ins Dunkel bringen und dir dabei helfen, geeignete Garne für dein erstes Häkelprojekt auszuwählen.

Ob du Kunst-, Pflanzen- oder Tierfaser verarbeiten möchtest, kommt ganz auf deine persönliche Vorliebe an. Für Anfänger empfehle ich allerdings ein Garn aus 100% Baumwolle oder 100% Polyacryl für Nadelstärke 3,0 mm bis 5,0 mm. Das Garn sollte nicht zu dünn, aber glatt sein, damit du die Maschen gut erkennen kannst.

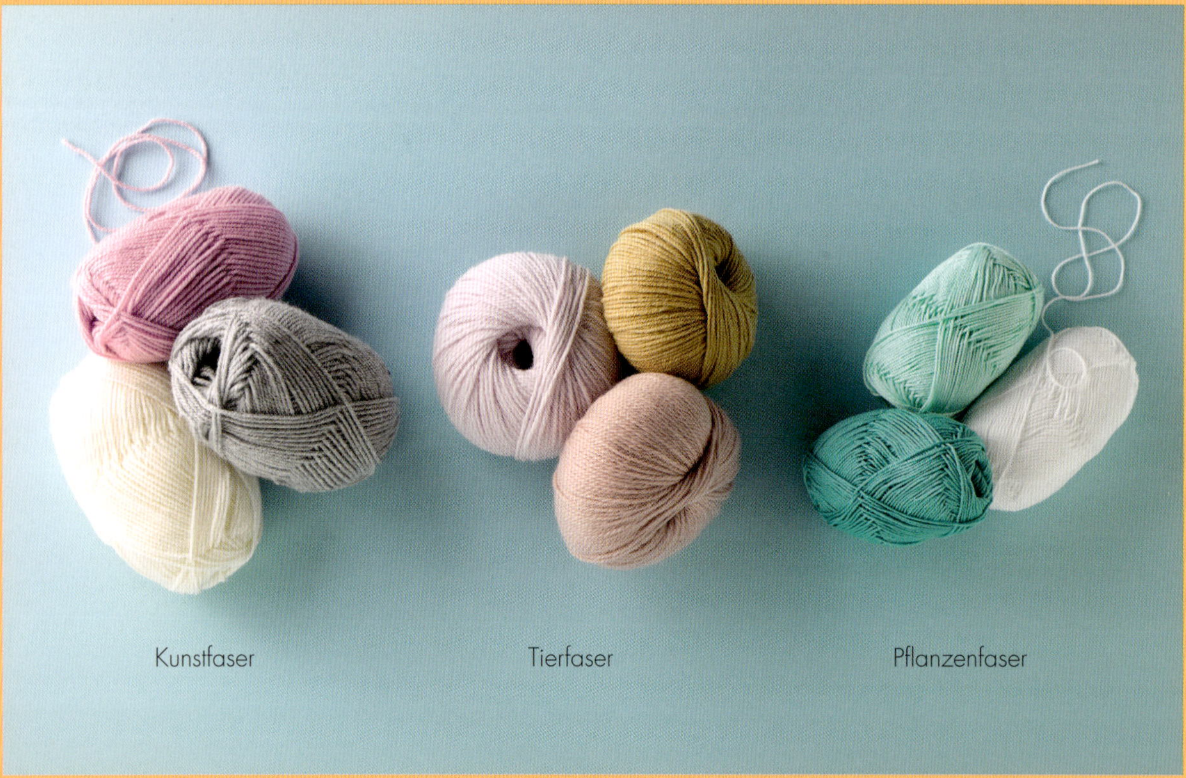

BANDEROLE

Ein neues Wollknäuel ist immer von einer Banderole ummantelt, worauf alle wichtigen Angaben zum Garn stehen. Wenn du dir dieses Etikett gut durchliest, weißt du zum Beispiel, welche Häkelnadel du benötigst sowie ob und wie du das fertige Häkelstück waschen kannst.

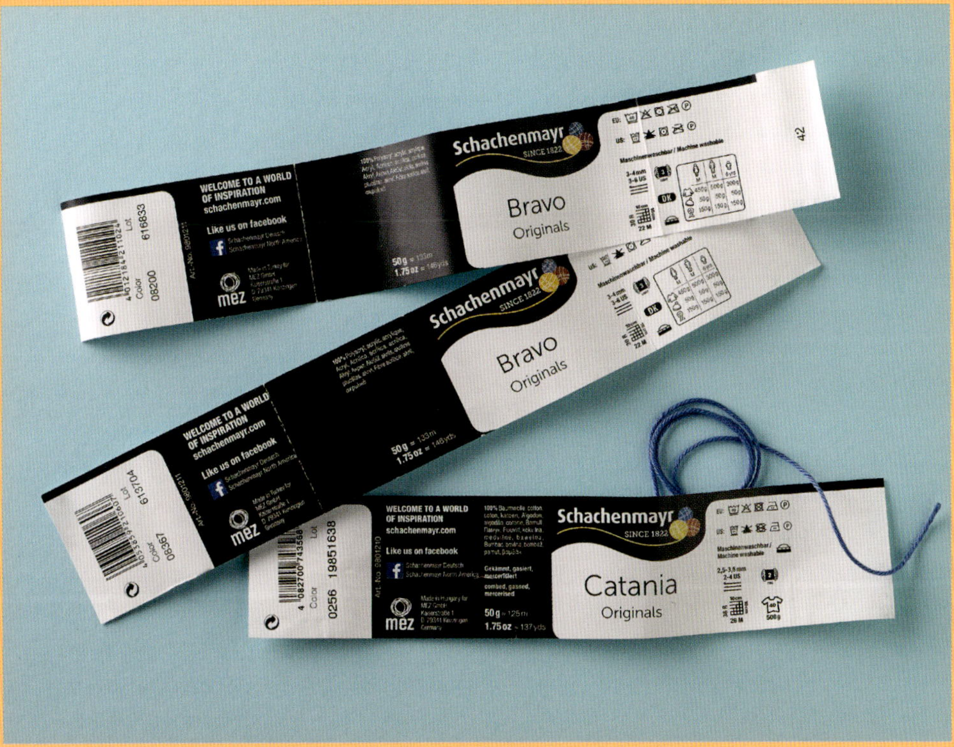

Folgende nützliche Informationen kannst du darauf finden:

- Herstellerfirma
- Angabe zum Material bzw. zur Zusammensetzung der Fasern (z. B. Baumwolle, Polyacryl, Merino, Mohair, Alpaka, Kaschmir)
- Gewicht des Knäuels sowie Lauflänge
- Wasch- und Pflegehinweise
- empfohlene Nadelstärke
- Nummer der Farbpartie

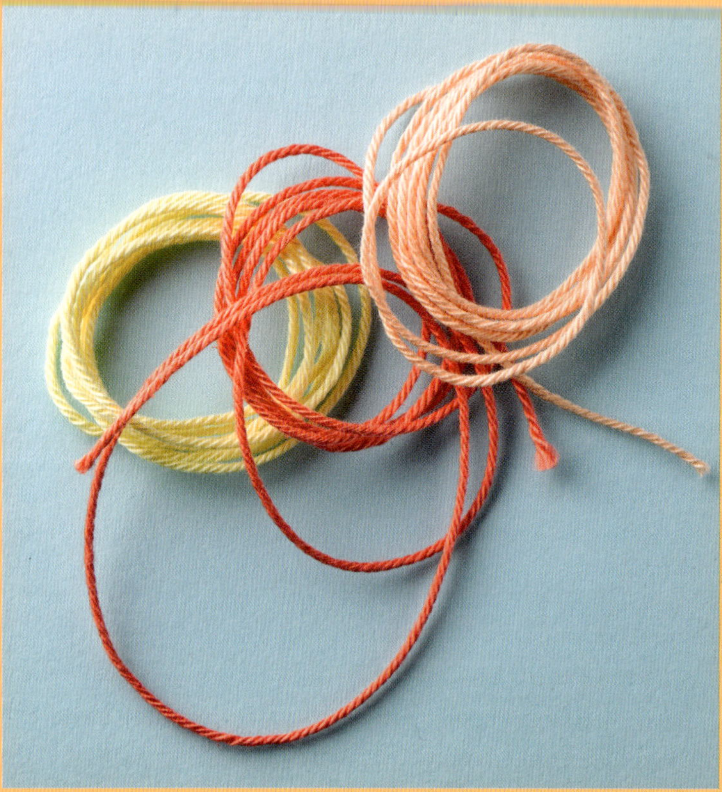

BAUMWOLLE

Bei Baumwolle handelt es sich um eine pflanzliche Faser. Das Garn ist sehr temperaturbeständig, kann viel Feuchtigkeit aufnehmen und bei hohen Temperaturen gewaschen werden. Baumwolle eignet sich zum Beispiel gut zum Häkeln von Topflappen.

KUNSTFASER

Polyacryl ist eine vollsynthetische Kunstfaser, die aus nicht nachwachsenden Rohstoffen erzeugt wird. Das Material ist leicht, einfach zu pflegen und meist preisgünstiger als pflanzliche oder tierische Fasern.

Häufig wird zu pflanzlichen oder tierischen Garnen auch etwas Kunstfaser hinzugefügt, um die Pflegeeigenschaften des Garns zu verbessern oder die Formstabilität des Gehäkelten zu erhöhen.

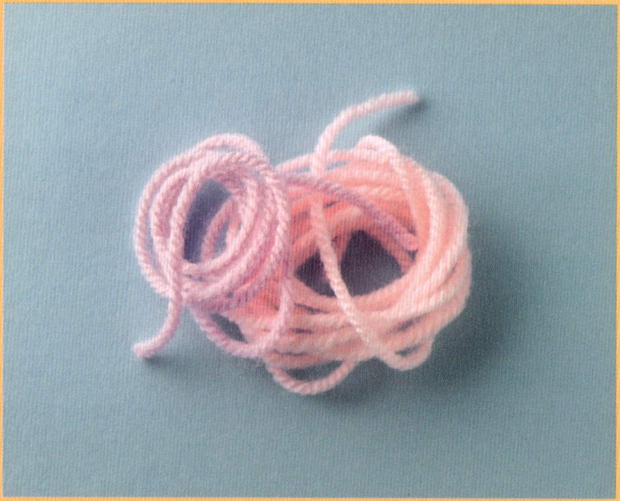

Häkelnadeln

Der Markt für Häkelnadeln ist sehr vielfältig. Die Nadeln unterscheiden sich in der Form und dem Material des Griffes sowie der Nadelstärke.

Welche Häkelnadel für dich am besten geeignet ist, hängt von einigen Faktoren ab – besonders beim Griff der Häkelnadel gibt es große Unterschiede.

Magst du einen weichen und ergonomischen Griff oder lieber einen einfachen Metall-, Bambus- oder Kunststoffgriff? Das hängt vor allem davon ab, wie du die Häkelnadel hältst (siehe Seite 22). Probiere einfach aus, was dir am bequemsten erscheint.

Die Hakengröße bestimmt die Nadelstärke. Die Größe der Häkelnadel steht normalerweise auf dem Griff. Die gängigen Größen liegen zwischen 2,0 mm und 12,0 mm. Mittlerweile gibt es sogar Häkelnadeln mit LED-Lampe im Haken. Dies kann vor allem bei Dämmerung hilfreich sein.

Am Anfang ist es nicht empfehlenswert, viel Geld in Häkelnadeln zu investieren. Das lohnt sich erst, wenn du weißt, worin deine Vorlieben bestehen.

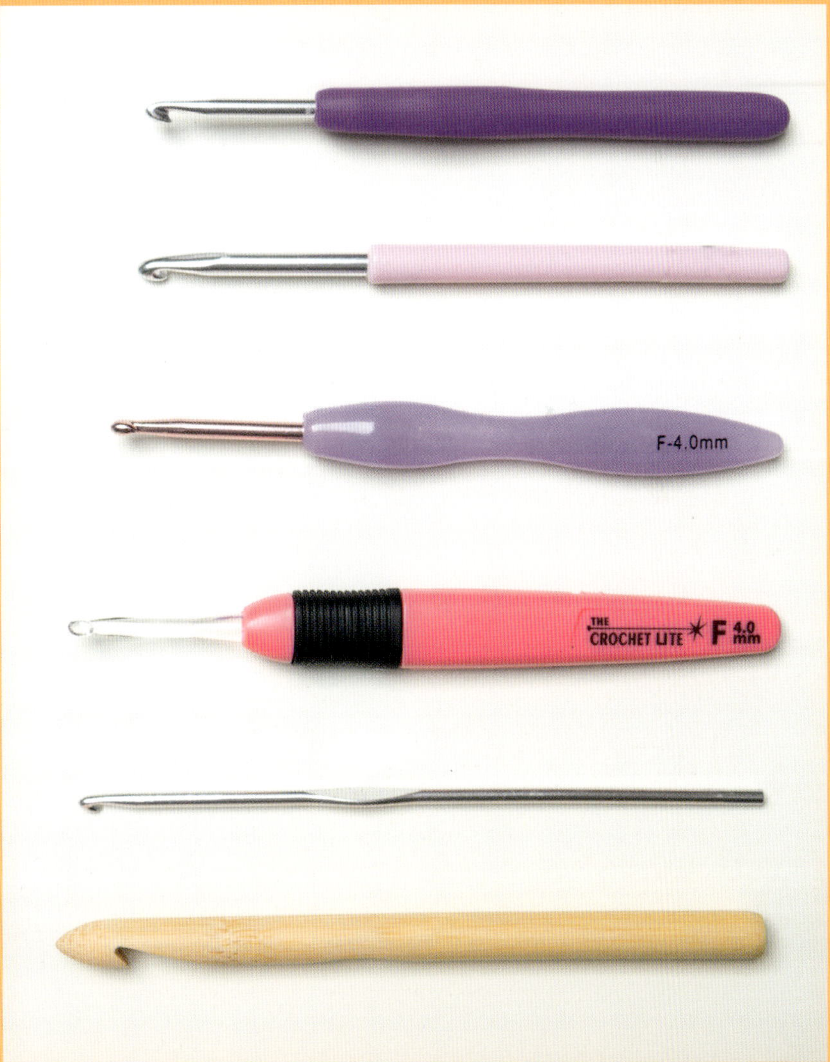

WAS DU SONST NOCH BRAUCHST ...

Neben Wolle und einer passenden Häkelnadel benötigst du noch weitere Hilfsmittel zum Häkeln bzw. zur Fertigstellung deines Häkelstücks. Dazu gehören natürlich Schere, Wollnadel und für manche Projekte Maschenmarkierer sowie Maßband.

Die *Wollnadel* ist deutlich größer und dicker als eine normale Nähnadel und zeichnet sich durch ein großes Nadelöhr und eine etwas abgerundete Spitze aus. Damit vernähst du Fäden oder nähst gehäkelte Einzelteile zusammen.

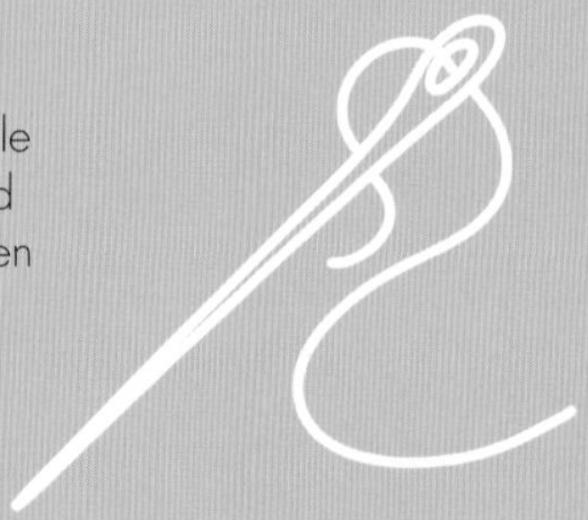

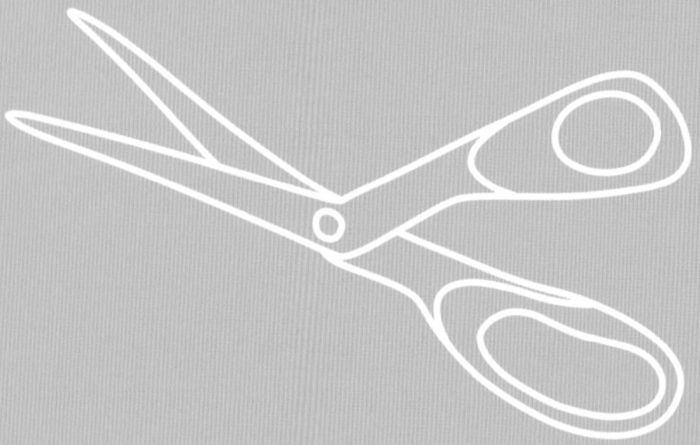

Die *Schere* ist ein absolutes Muss beim Häkeln, denn spätestens, wenn du mit deinem Projekt fertig bist, muss der Faden abgeschnitten werden.

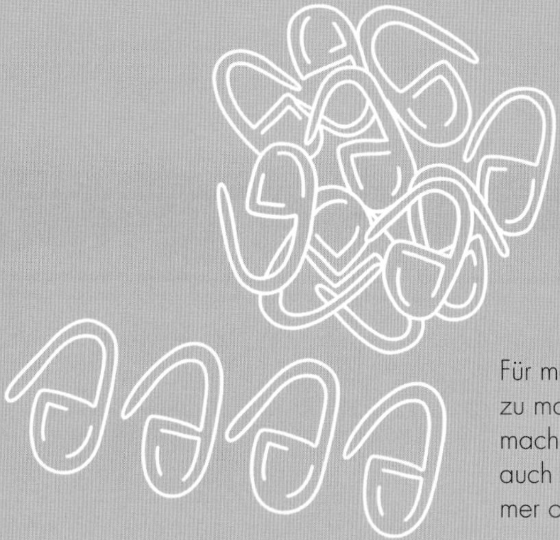

Für manche Projekte ist es sinnvoll, sich bestimmte Maschen zu markieren. Dies kannst du mit einem *Maschenmarkierer* machen. Als Ersatz für einen Maschenmarkierer kannst du auch einfach ein Stück andersfarbige Wolle, eine Büroklammer oder eine Haarklemme benutzen.

Du möchtest dir notieren, in welcher Reihe du gerade bist, bevor du dein Häkelprojekt zur Seite legst? Dazu brauchst du einen *Stift* und *Papier*. Es gibt auch Maschen- bzw. Reihenzähler. Diese Anschaffung ist für Anfänger aber sicherlich nicht sofort notwendig.

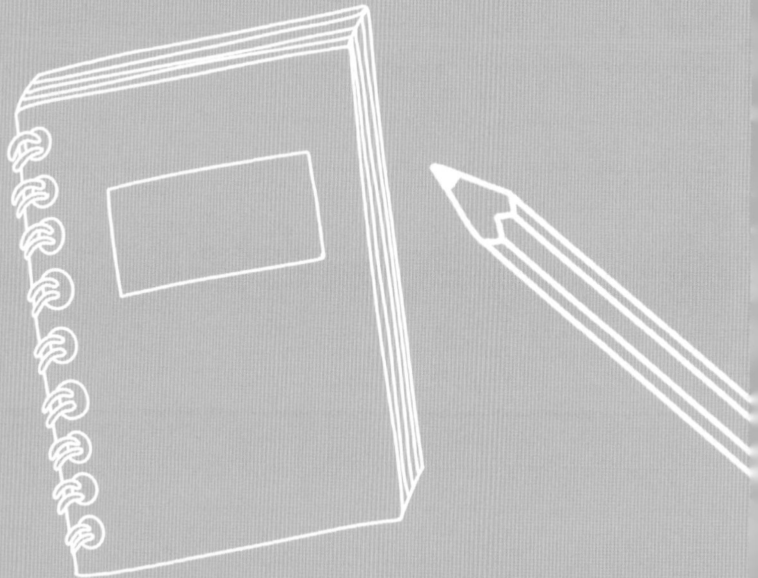

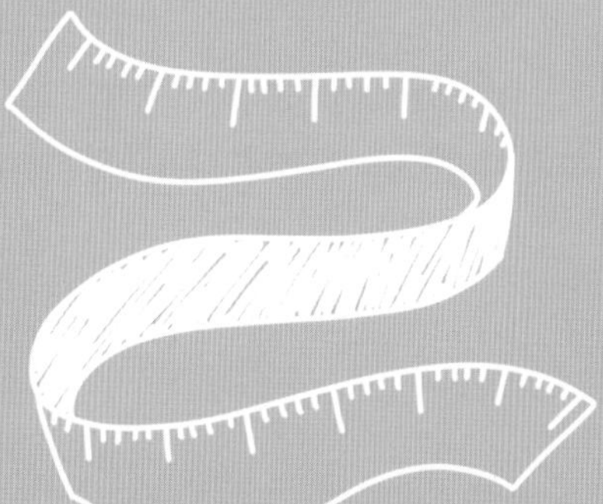

Das *Maßband* wird zum Abmessen von Körpermaßen oder Häkelabschnitten genutzt. Wenn du dir zum Beispiel eine Mütze häkeln möchtest, ist es sinnvoll, den Kopfumgang zu messen.

TIPP *Wenn ich mit meinen Häkelsachen unterwegs bin, packe ich alle notwendigen Utensilien in einen Projektbeutel. Außerdem nehme ich statt einer großen Schere eine Nagelschere mit.*

DIE GRUND-MASCHEN

WAS IST EINE MASCHE?

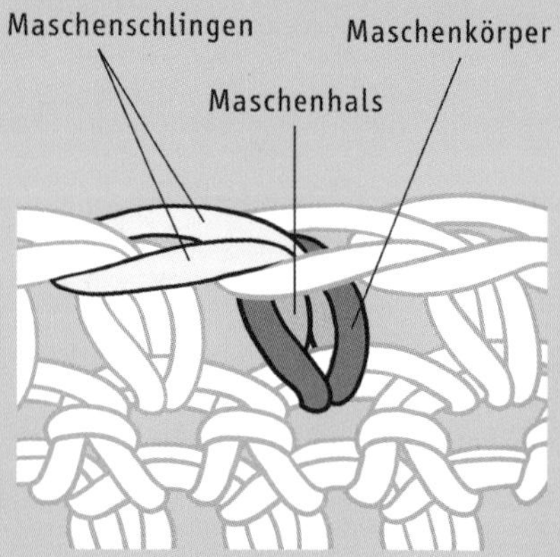

Eine Masche besteht in der Regel aus Maschenkörper, Maschenhals und Maschenschlingen. Die zwei Maschenschlingen befinden sich im Normalfall links von deiner Masche. Unterhalb dieser Schlingen wird bei den Grundmaschen mit der Häkelnadel eingestochen.

Maschen unterscheiden sich vor allem in der Höhe des Maschenkörpers. Maschen können in Reihen oder in Runden gehäkelt werden. Aus vielen Maschen entsteht das Häkelstück.

Maschenarten	**Höhe**	**Benötigte Steige-/ Wendeluftmaschen**
Luftmasche (Steige- und Wendeluftmasche)	Ca. eine feste Masche	–
Kettmasche	Flach	–
Feste Masche	Etwas höher als Kettmasche	1
Halbes Stäbchen	Etwas höher als feste Masche	2
Stäbchen	Etwas höher als halbes Stäbchen	3

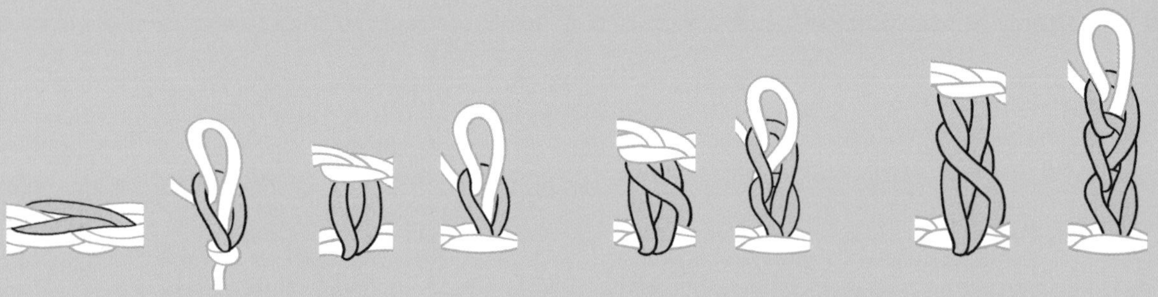

Kettmasche — Luftmasche — Feste Masche — 1 Steigeluftmasche — Halbes Stäbchen — 2 Steigeluftmaschen — Stäbchen — 3 Steigeluftmaschen

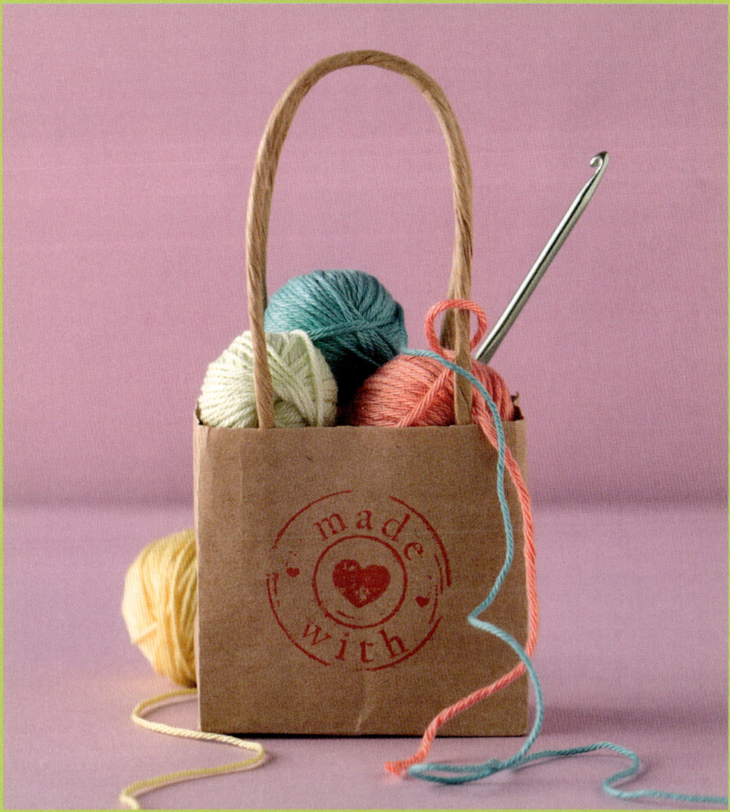
made
with

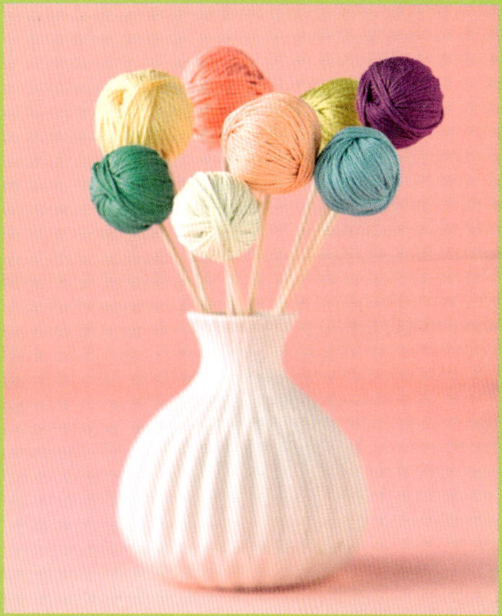

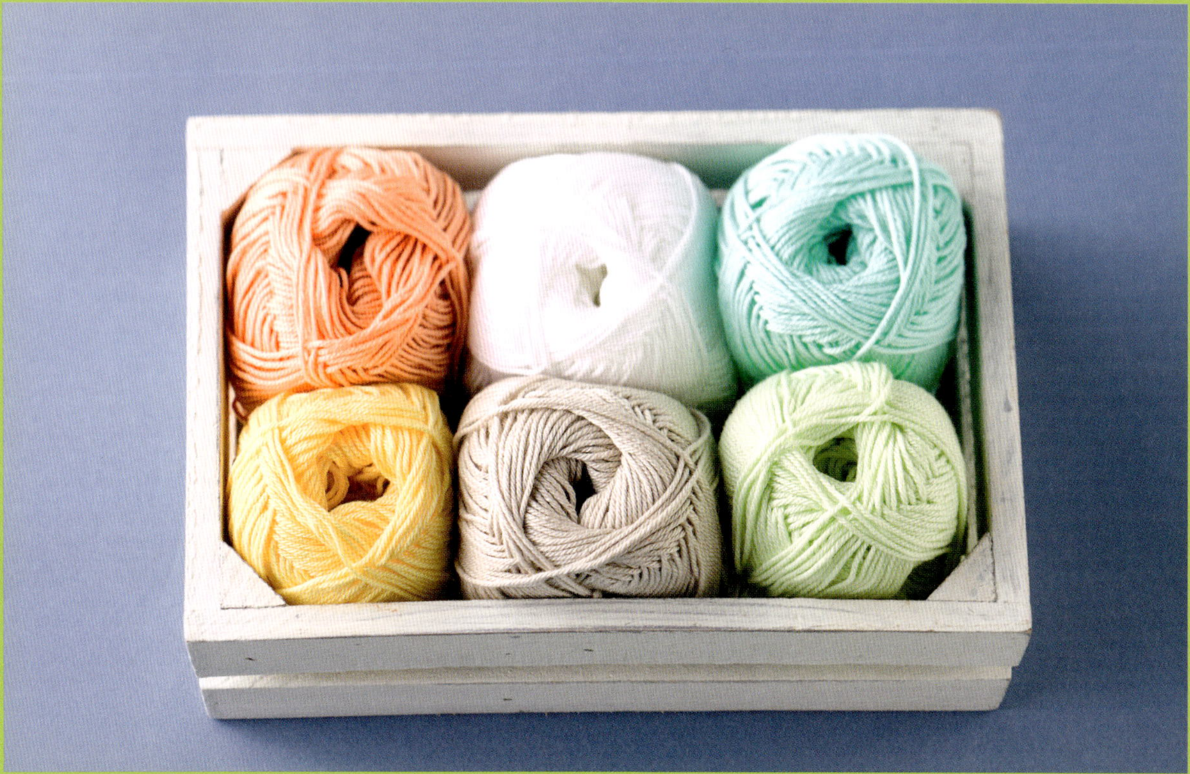

HÄKELROSE STEP BY STEP

Jetzt schnapp dir deine Wolle und Häkelnadel. Anhand der kleinen Rose zeige ich dir die fünf Grundmaschen des Häkelns.

Die Rose kannst du im Anschluss nutzen, um deine weiteren Häkelprojekte zu verschönern oder sie anderweitig dekorativ einsetzen. Damit du besonders viel Freude hast, häkle die Rose doch in deiner Lieblingsfarbe.

Mit deinem neu gewonnenen Wissen kannst du anschließend ohne Probleme viele weitere Sachen häkeln.

MATERIAL

- *Schachenmayr Bravo (Lauflänge 133 m/50 g) in Rosé (Farbnummer 8206) und Farn (Farbnummer 8191), Reste*
- *Häkelnadel 4,0 mm*
- *Wollnadel*
- *Schere*

Die Häkelrose kannst du dir auch Schritt für Schritt als Video-Tutorial ansehen. Registriere dich am besten gleich in der digitalen Bibliothek unter www.topp-kreativ.de/digibib und schalte dir dein Video frei. Den Code dafür findest du auf Seite 80.

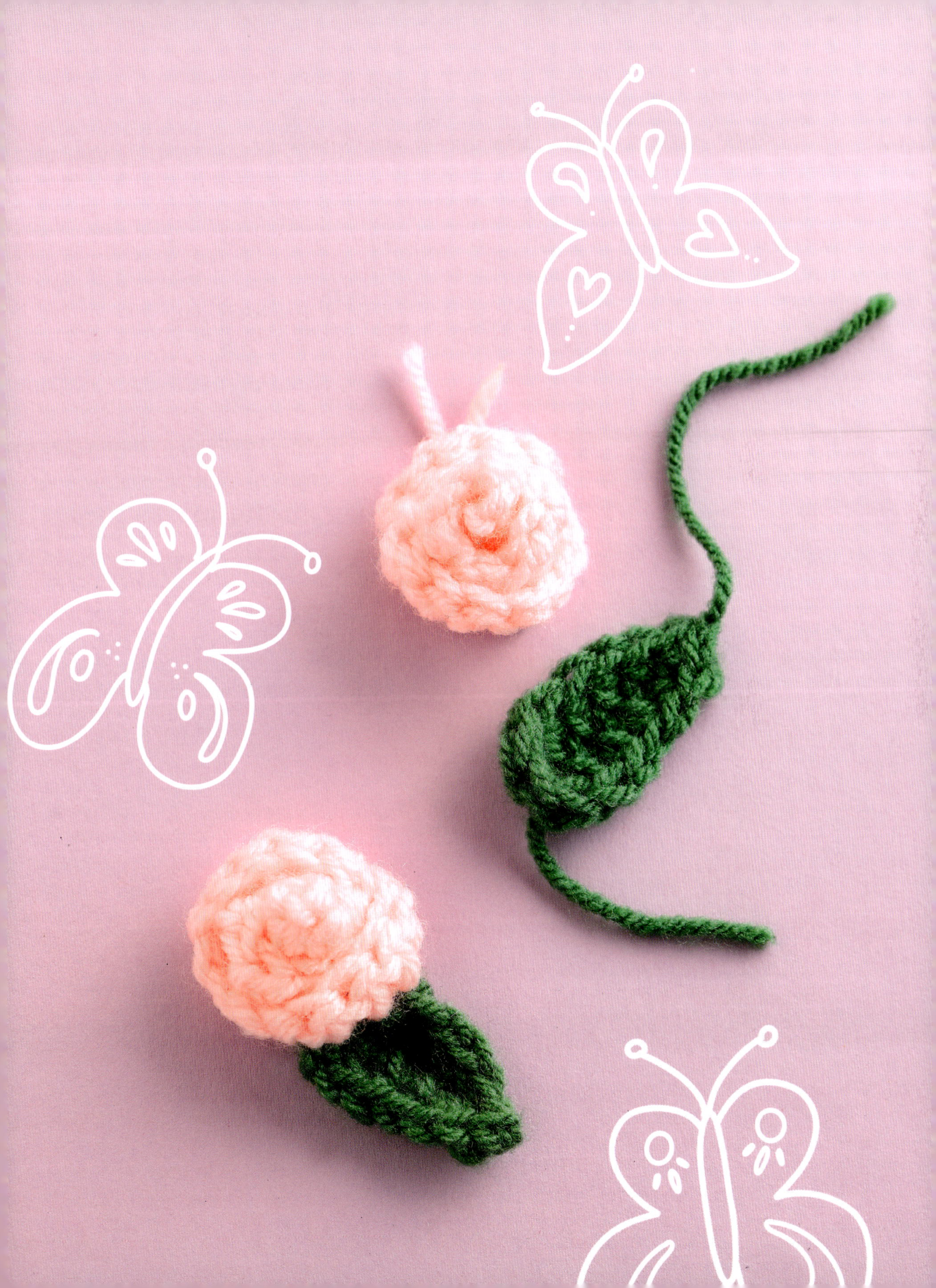

LOS GEHT'S

Anfangsschlinge

Bevor es mit dem Häkeln losgehen kann, muss als erster Schritt die Anfangsschlinge gebildet werden. Mit ihr startet jedes deiner Häkelprojekte in diesem Buch. Folge Schritt für Schritt der Beschreibung, dann hast du sie im Nu gemeistert.

1 Wickle den Faden in Rosé um Zeige- und Mittelfinger. Dabei liegt das Fadenende vorn. Den Arbeitsfaden legst du nach hinten ab.

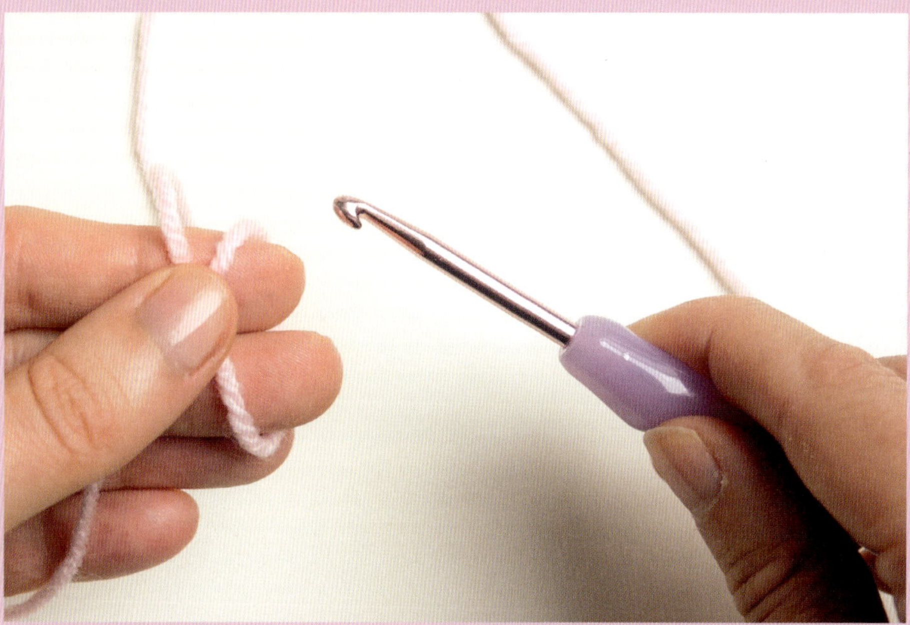

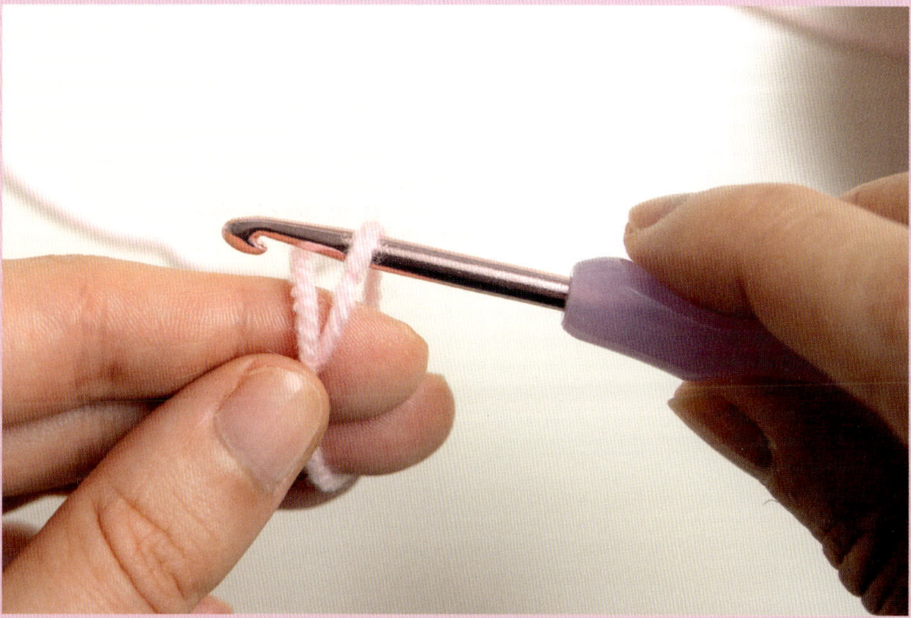

Hole mit der Häkelnadel den hinteren Arbeitsfaden durch den entstandenen Ring. Dabei ist es hilfreich, mit Daumen und Zeigefinger die Stelle zu fixieren, an der der Faden sich kreuzt.

Dann an beiden Fadenenden ziehen, dabei entsteht ein Knoten. Die Schlinge so eng ziehen, dass sie locker um die Häkelnadel liegt.

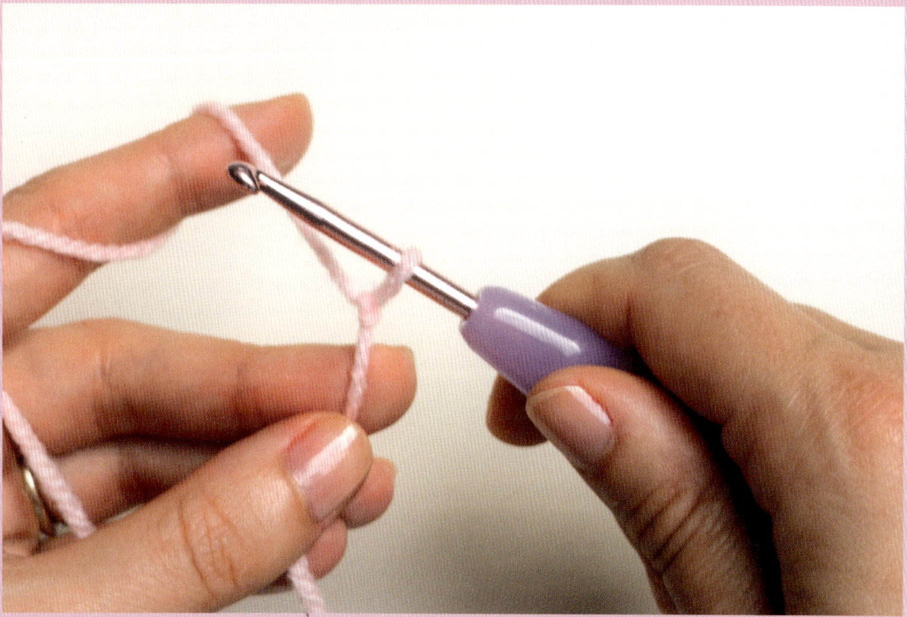

HANDHALTUNG

Bevor du mit dem Häkeln beginnst, solltest du noch ausprobieren, welche Handhaltung der Häkelnadel dir besser liegt und womit du dich wohler fühlst. Es gibt zwei typische Handhaltungen für Häkelnadeln: Probiere sie einfach aus.

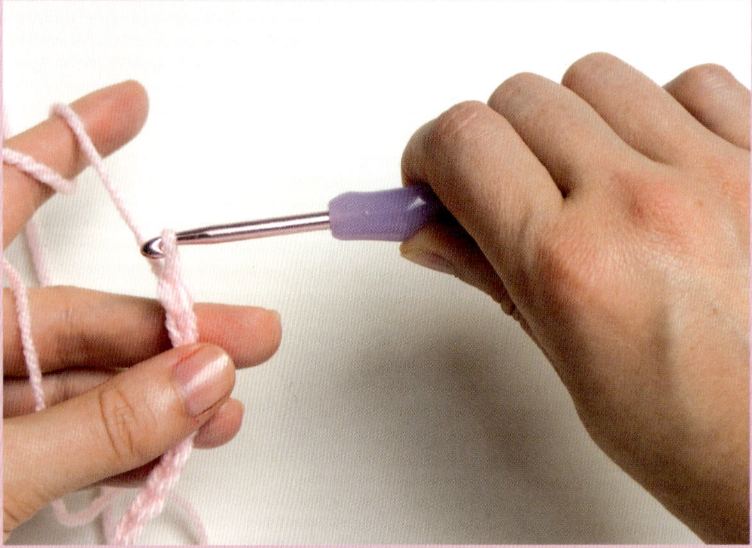

1. MESSERHALTUNG
Bei dieser Handhaltung wird der Griff der Häkelnadel mit der rechten Hand wie ein Messer gehalten. Nadeln mit ergonomischem Griff sind eher für die Messerhaltung geeignet.

2. STIFTHALTUNG
Hier wird die Häkelnadel wie ein Stift gehalten.

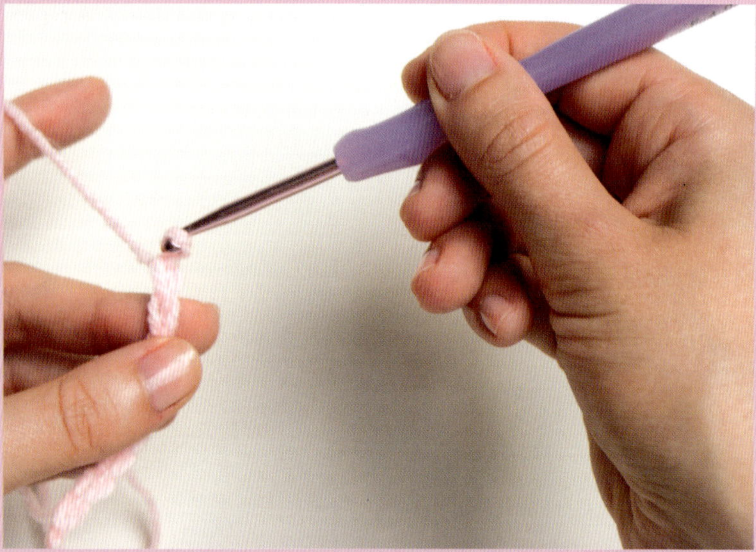

FADENHALTUNG

Nun kommt die Fadenhaltung: Der fortlaufende Arbeitsfaden wird locker ein- bis zweimal – je nach Vorliebe – um den linken Zeigefinger gewickelt. Damit kann die Fadenspannung reguliert werden und das Garn lässt sich leichter abhäkeln. Der Abstand zum Häkelstück sollte nicht zu nah und nicht zu weit sein: Richtwert sind 5 cm.

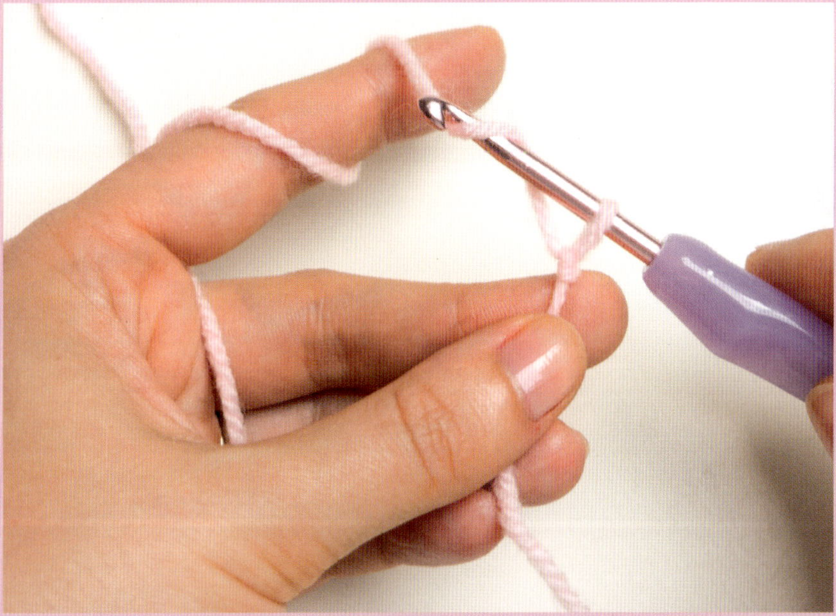

Mit Daumen und Mittelfinger der linken Hand hältst du das Häkelstück fest. Die Häkelnadel ist in der rechten Hand in der Messer- oder Stifthaltung.

HINWEIS: *Der Haken ist beim Häkeln immer nach unten gerichtet.*

Luftmasche

Luftmaschen zählen zu den wichtigsten Maschen beim Häkeln. Es gibt kaum ein Projekt, das nicht mit Luftmaschen beginnt oder diese beinhaltet.

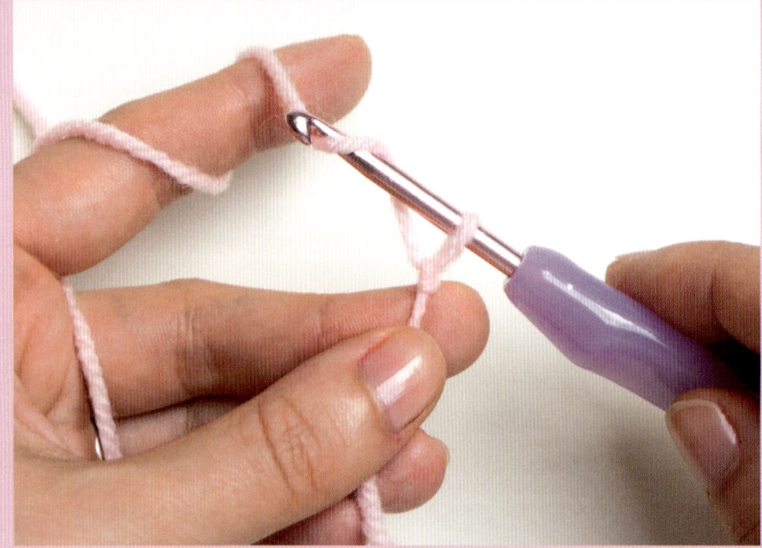

2

Hole dir den Arbeitsfaden mit einem Umschlag auf den Haken. Ziehe den Umschlag durch die Anfangsschlinge auf die Häkelnadel, so dass eine neue Schlinge entsteht.

Die Luftmasche ist nun als V-förmige Schlinge unter der Häkelnadel sichtbar.

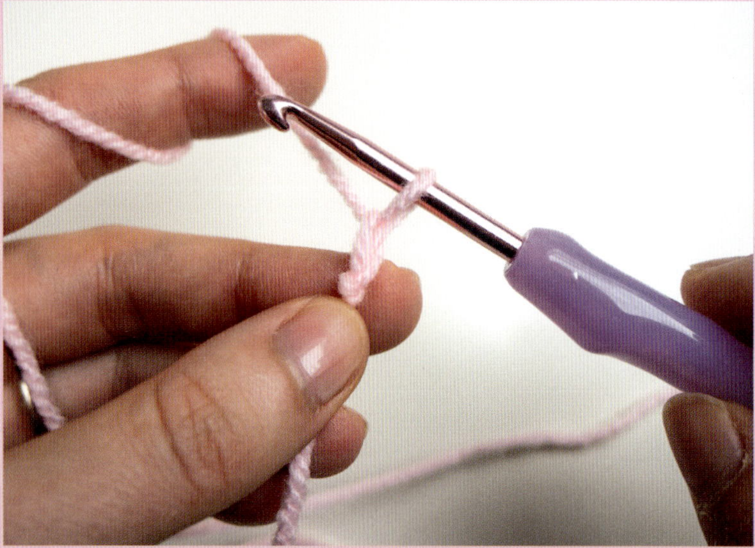

Luftmaschenkette

Eine Luftmaschenkette entsteht aus mehreren hintereinander gehäkelten Luftmaschen. Halte dabei die Kette mit dem linken Daumen und Zeigefinger unten fest, damit fällt es dir deutlich leichter. Achte darauf, die Luftmaschen gleichmäßig groß zu häkeln und die Kette nicht zu verdrehen.

3

Häkle insgesamt 25 Luftmaschen.

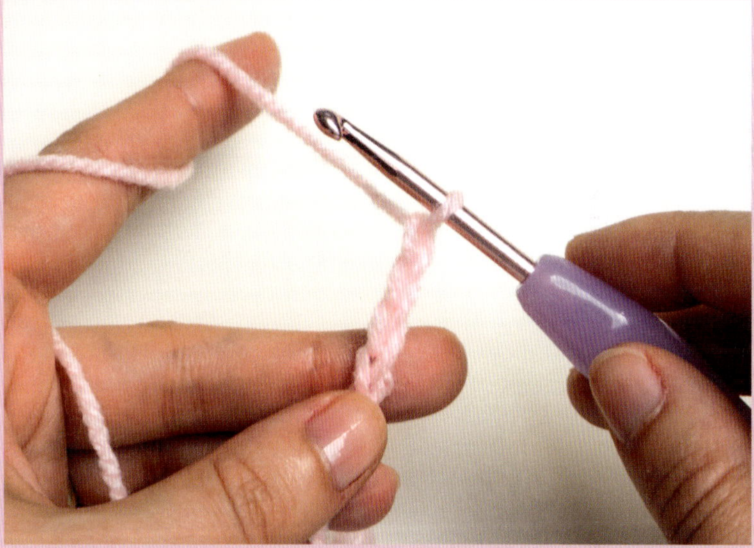

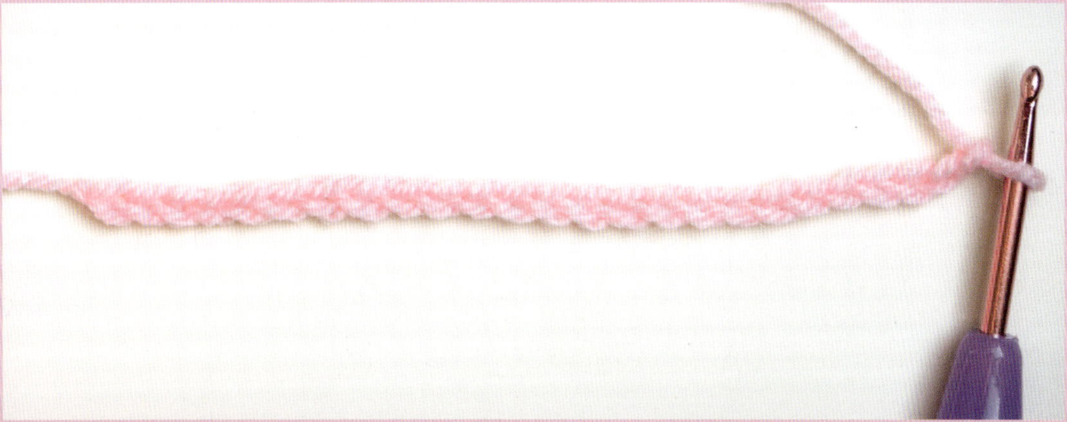

Feste Masche

Die feste Masche gehört mit zu den Grundmaschen beim Häkeln. Sie ist in wenigen Schritten gehäkelt und wird sehr häufig eingesetzt. Diese Art der Maschen ergibt ein dichtes und kompaktes Maschenbild und der Maschenkörper ist eher klein und V-förmig.

4

Für eine feste Masche stichst du mit der Häkelnadel in die nächste Einstichstelle. In diesem Fall ist es das Loch (wie ein V) der 2. Luftmasche von rechts. Man sagt auch die „2. Luftmasche von der Nadel aus". Hole mit Hilfe eines Umschlags den Arbeitsfaden durch die Luftmasche.

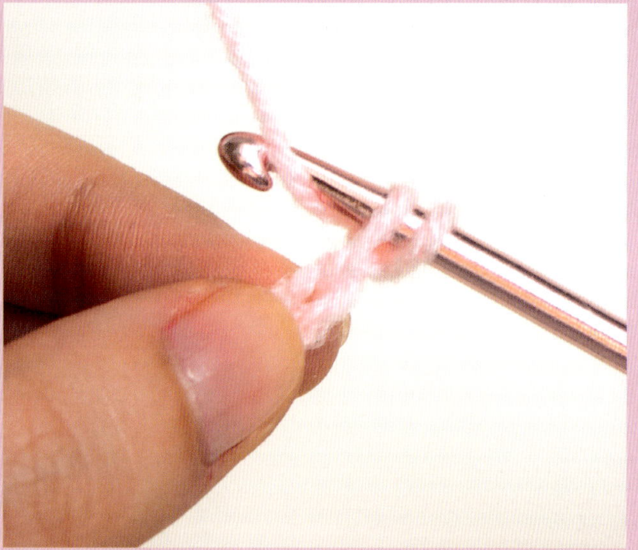

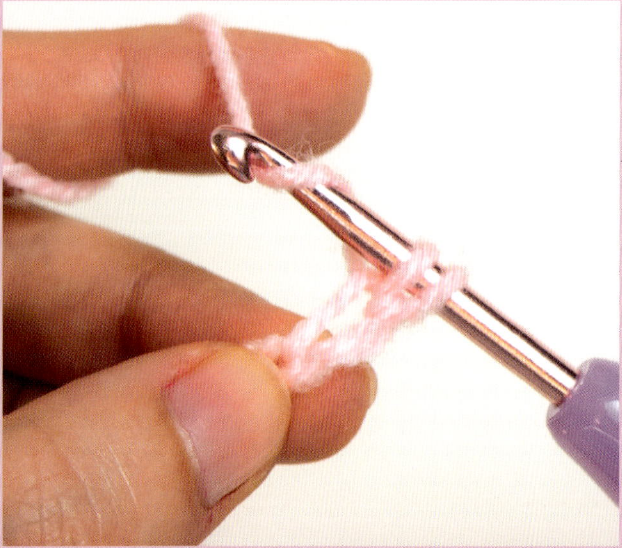

Nun hast du zwei Schlingen auf der Häkelnadel. Mache erneut einen Umschlag mit dem Arbeitsfaden und ziehe diesen durch die beiden Schlingen, welche auf der Nadel liegen.

FESTE MASCHE IN EINER REIHE

Nun häkelst du auf die gesamte Luftmaschenkette weiter feste Maschen.

5 Um feste Maschen in einer Reihe zu häkeln stichst du einfach immer in die nächste Einstichstelle ein und wiederholst Schritt 4. Dabei entsteht eine Reihe mit insgesamt 24 festen Maschen.

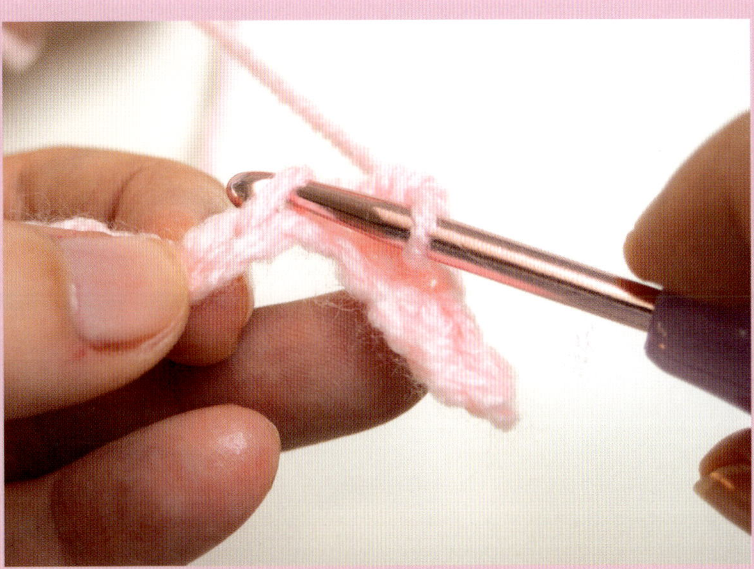

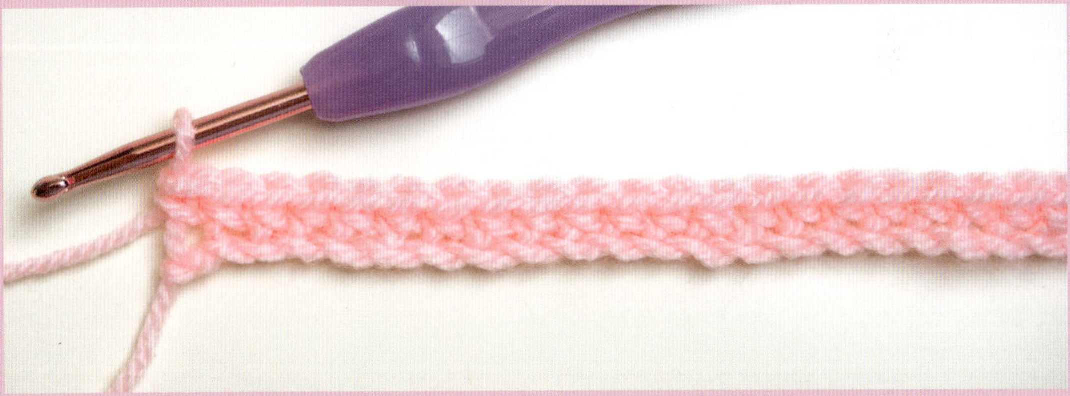

HINWEIS *Feste Maschen verwendest du bei Häkelprojekten, wenn ein bestimmter Teil besonders stabil werden soll. Im Fall der Rose wird die Reihe mit den festen Maschen als Basis für die Blütenblätter gehäkelt. Oftmals häkelt man auch feste Maschen als Abschlusskante bei einer Mütze. Bei kleinen Häkeltieren, die ausgestopft werden sollen, arbeitet man auch häufig feste Maschen, damit die Füllwatte gut verdeckt wird.*

Wendeluftmasche

Wie viele Wendeluftmaschen benötigt werden, ist abhängig von der Höhe der nachfolgenden Masche (siehe Seite 16). Bei der Rose wird mit einer festen Masche weitergehäkelt, daher benötigt man 1 Wendeluftmasche.

6 Dafür häkelst du eine Luftmasche genauso wie im Schritt 2 beschrieben und wendest deine Arbeit.

ACHTUNG: In der Hin- und Rückreihe sehen deine Maschen unterschiedlich aus, das ist aber ganz normal.

7 In der 2. Reihe werden die Blütenblätter gehäkelt. Dazu häkelst du mit den verschiedenen Maschenarten vier Wellen, die durch die unterschiedliche Höhe der Maschen entstehen.

1. Welle

Hier siehst du, wie die 1. Welle aussieht und gehäkelt wird.

AUF EINEN BLICK

1. Masche: 1 feste Masche

2. Masche: 1 halbes Stäbchen (siehe Schritt 8, Seite 30)

3. Masche: 2 halbe Stäbchen (siehe Schritt 9, Seite 32)

4. Masche: 1 feste Masche

5. Masche: 1 Kettmasche (siehe Schritt 11, Seite 33)

Häkle nun in die 1. Masche 1 feste Masche. Die anderen Maschen erkläre ich dir gleich.

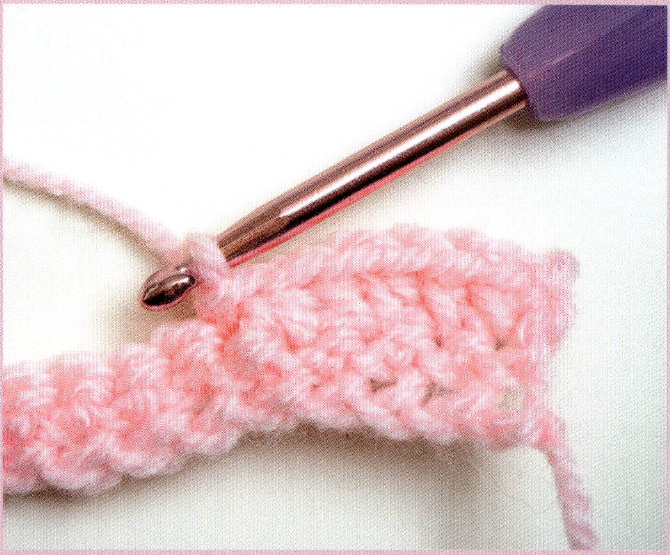

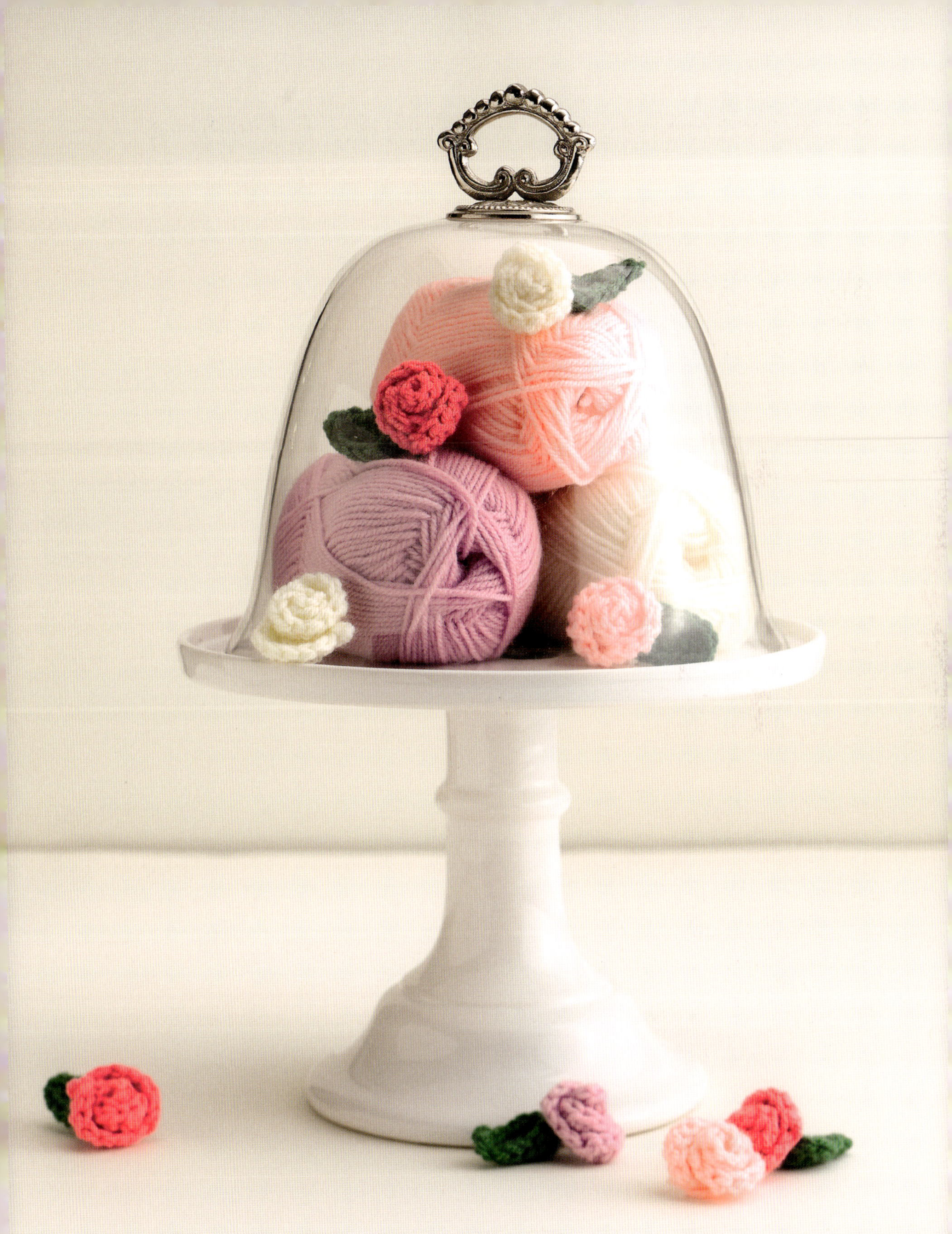

Halbes Stäbchen

Halbe Stäbchen sind etwas höher als feste Maschen. Sie entstehen durch eine zusätzliche Schlinge auf der Häkelnadel. Die Höhe entsteht, indem alle 3 Schlingen auf der Nadel zusammen abgemascht werden.

8

Nimm einen Umschlag auf die Häkelnadel und stich in die nächste Masche ein.

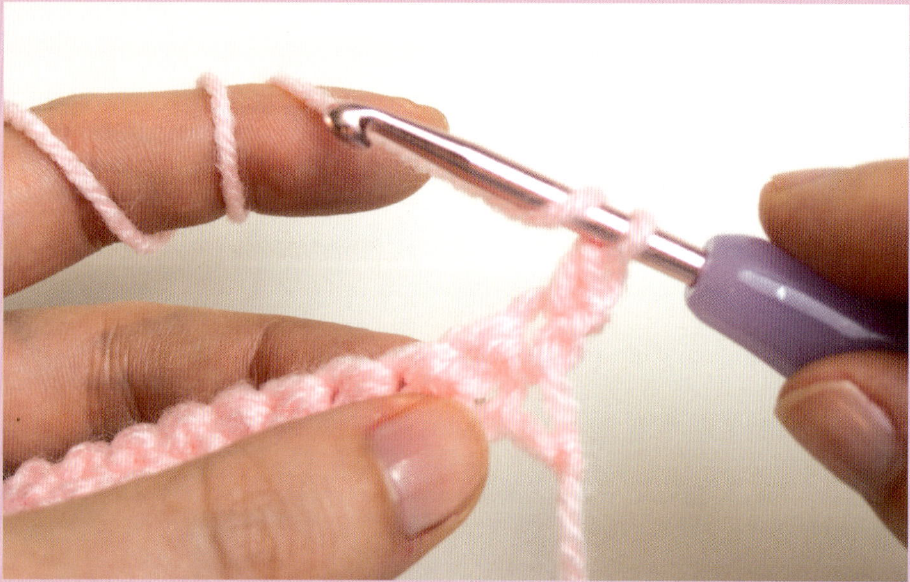

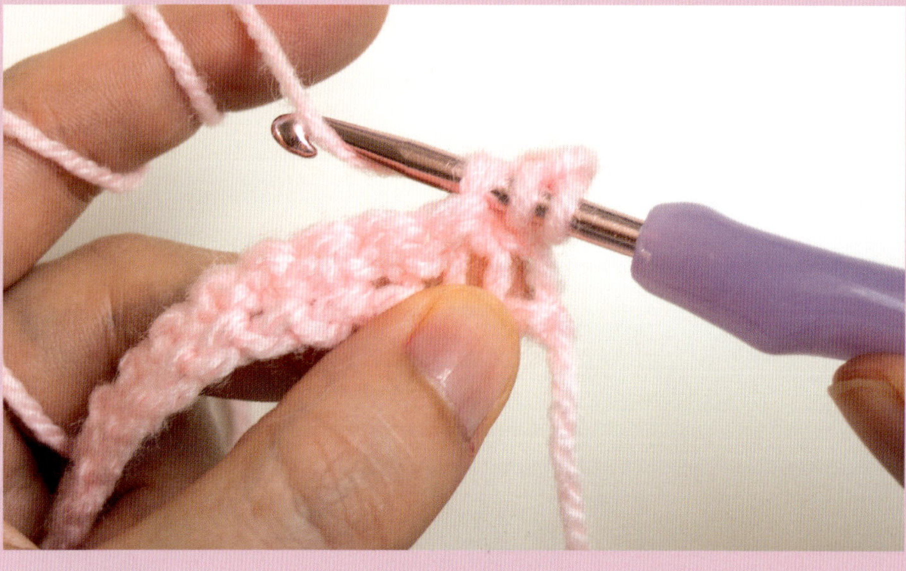

Hole dir den Arbeitsfaden mit einem Umschlag durch die Schlinge. Nun hast du 3 Schlingen auf der Nadel.

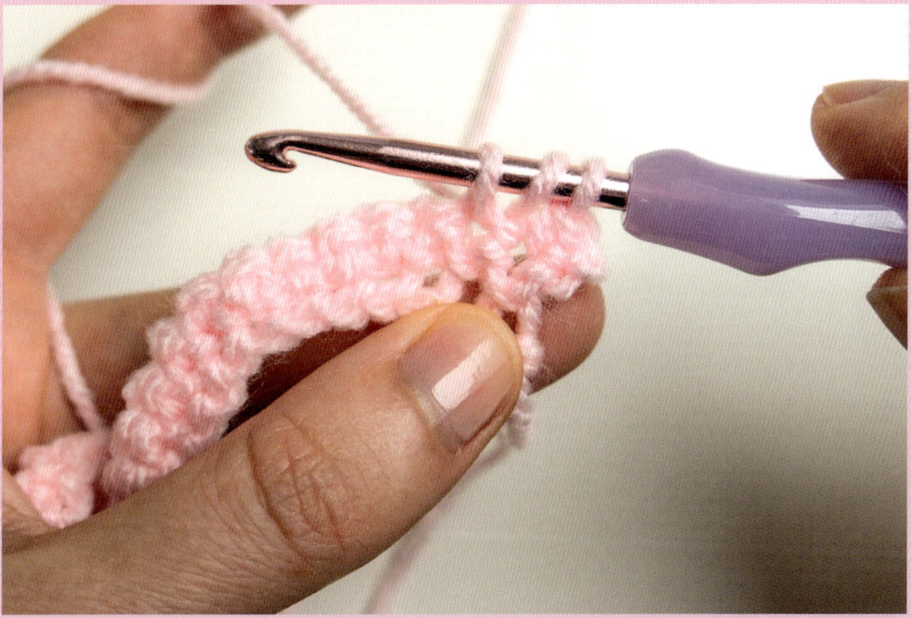

Hole erneut einen Umschlag mit der Häkelnadel und ziehe diesen durch alle 3 Schlingen.

Zunahme

Eine Zunahme benötigt man, wenn das Häkelstück breiter werden soll. Dies wird zum Beispiel bei einer Mütze oder eben bei dieser Häkelrose gebraucht, da die äußeren Blütenblätter größer werden sollen. Hierzu werden 2 halbe Stäbchen in die gleiche Masche gehäkelt.

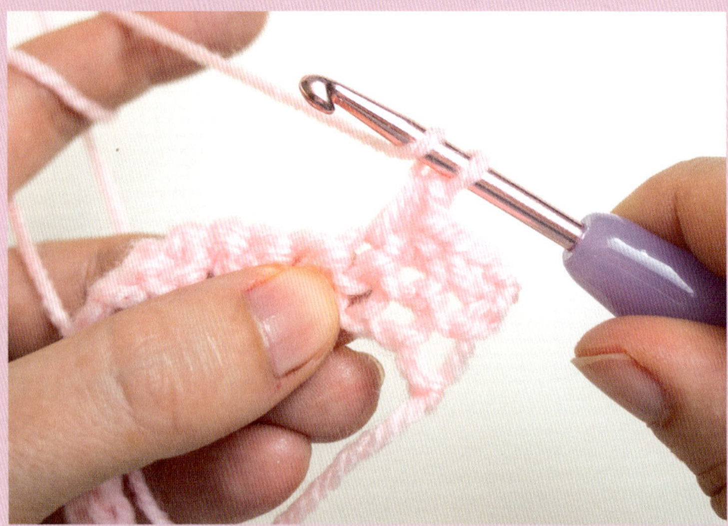

9

Häkle zunächst 1 halbes Stäbchen in die 3. Masche wie in Schritt 8, Seite 30.

Arbeite noch 1 halbes Stäbchen, aber stich dabei exakt in die gleiche Masche noch einmal ein. Nun hast du 2 halbe Stäbchen in 1 Masche gehäkelt.

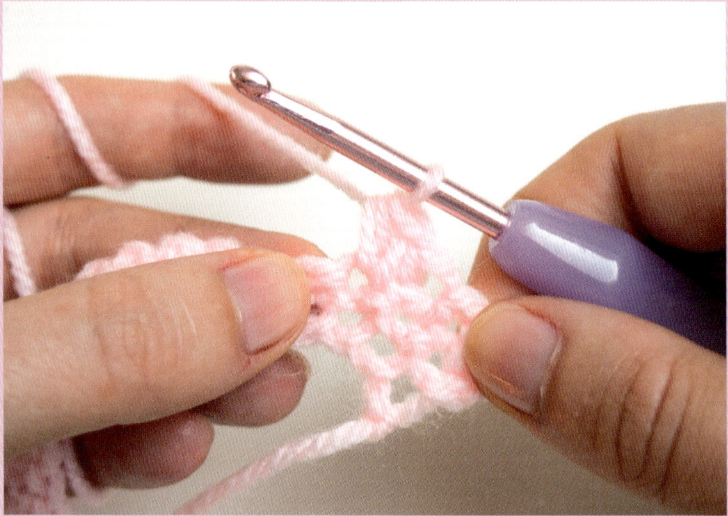

10

In der 4. Masche wird wieder 1 halbes Stäbchen (ohne Zunahme) gehäkelt.

Kettmasche

Kettmaschen sind ganz flach. Sie werden zum Schließen von Runden, zum Versäubern und Festigen von Rändern oder zum Verbinden bzw. Zusammenhäkeln von separaten Häkelteilen verwendet.

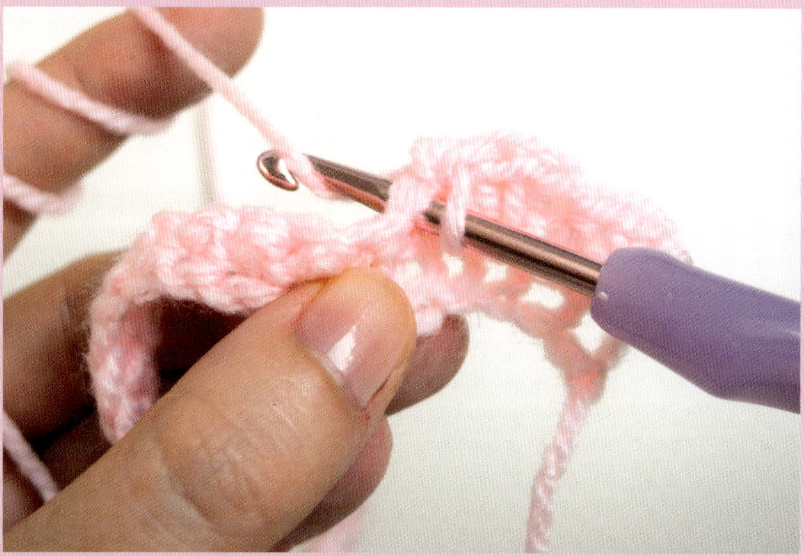

11

Stich die Nadel in die 5. Masche ein. Den Arbeitsfaden holst du durch die Masche und ziehst ihn sofort weiter durch die Schlinge auf der Nadel.

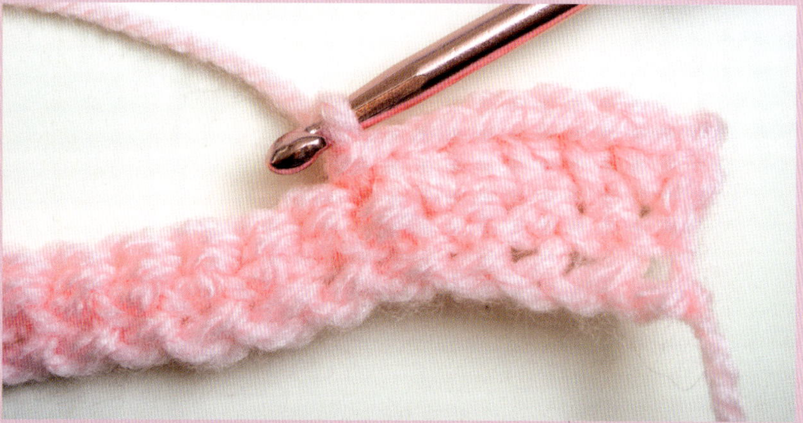

Damit ist die 1. Welle beendet.

2. Welle

Die 2. Welle wird fast genauso wie die 1. Welle gehäkelt. Nur die 1. Masche (= 6. Masche der Reihe mit festen Maschen) verändert sich.

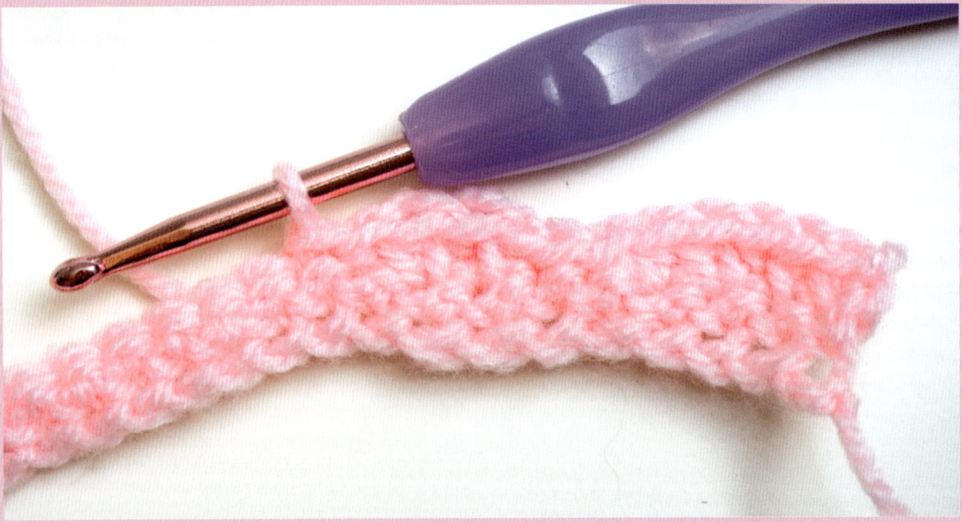

12

AUF EINEN BLICK

6. Masche: 1 Kettmasche

7. Masche: 1 halbes Stäbchen

8. Masche: 2 halbe Stäbchen in 1 Masche (= Zunahme)

9. Masche: 1 halbes Stäbchen

10. Masche: 1 Kettmasche

Jetzt hast du 2 kleine Wellen gehäkelt.

3. Welle

Die 3. Welle wird über 7 Maschen gehäkelt. Sie ist höher als die Wellen davor, denn hier werden in der Mitte Stäbchen gehäkelt.

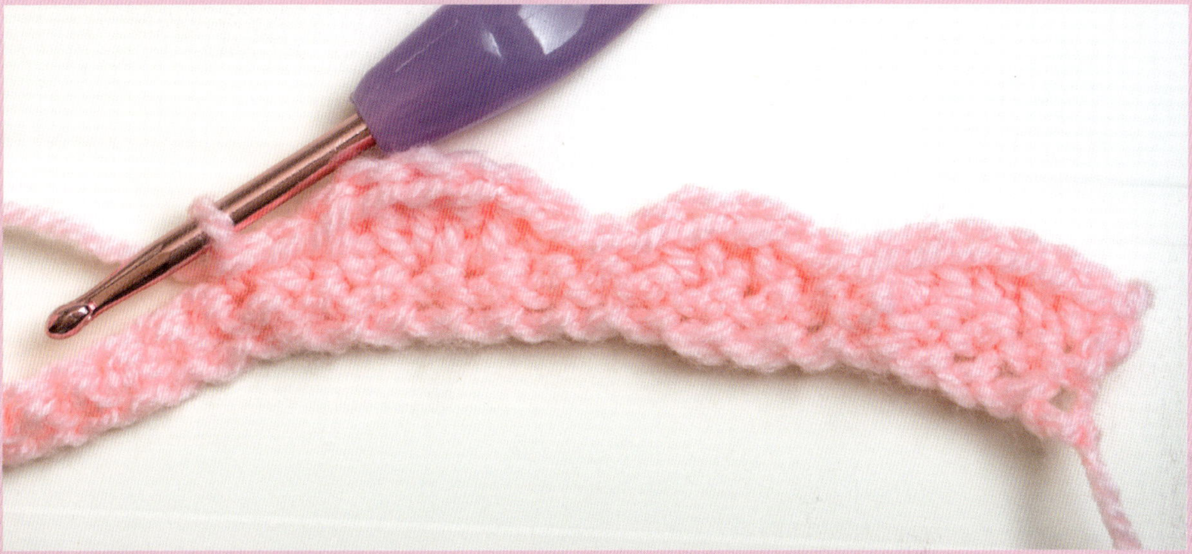

13

AUF EINEN BLICK

11. Masche: 1 Kettmasche

12. Masche: 1 feste Masche

13. Masche: 1 Stäbchen (siehe Schritt 14, Seite 36)

14. Masche: 3 Stäbchen (= Zunahme, siehe Schritt 15, Seite 38)

15. Masche: 1 Stäbchen

16. Masche: 1 feste Masche

17. Masche: 1 Kettmasche

Jetzt hast du die 3. Welle gehäkelt.

Stäbchen

Das Stäbchen ist die höchste Masche in deiner kleinen Rose. Zu dieser Art der Grundmaschen existiert eine ganze Gruppe. So gibt es zum Beispiel auch Doppel- oder Dreifachstäbchen, die nach dem gleichen Prinzip gehäkelt werden.

14

In die 13. Masche häkelst du 1 Stäbchen. Dazu nimmst du dir vor dem Einstechen einen Umschlag auf die Nadel und stichst in die nächste Masche ein.

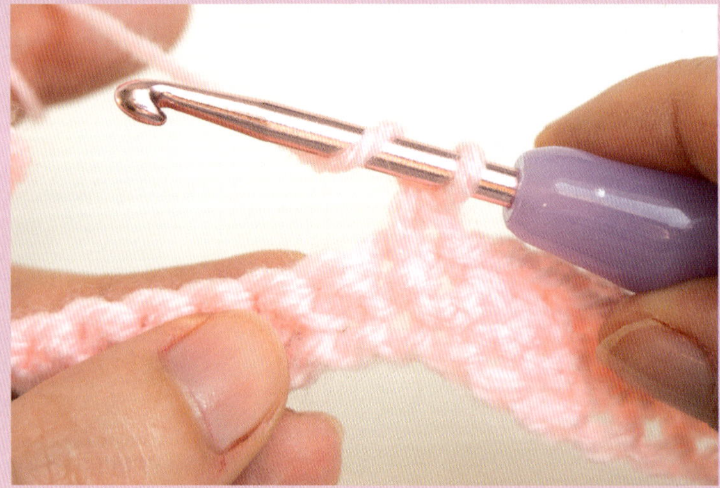

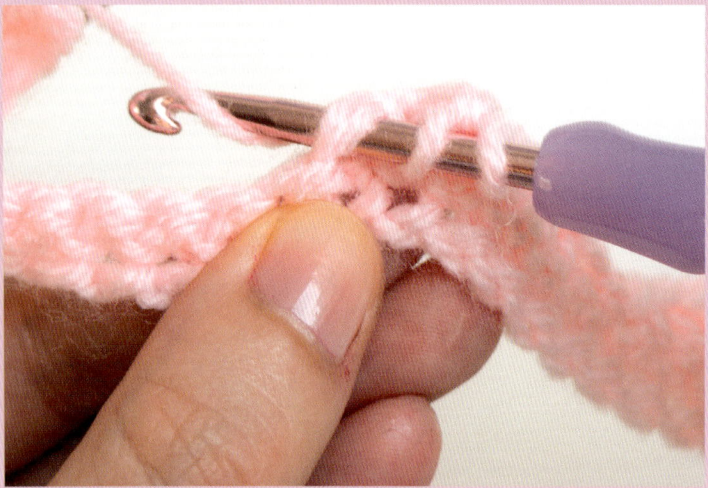

Dann ziehst du den Arbeitsfaden mit einem Umschlag auf die Nadel, damit hast du 3 Schlingen auf der Nadel.

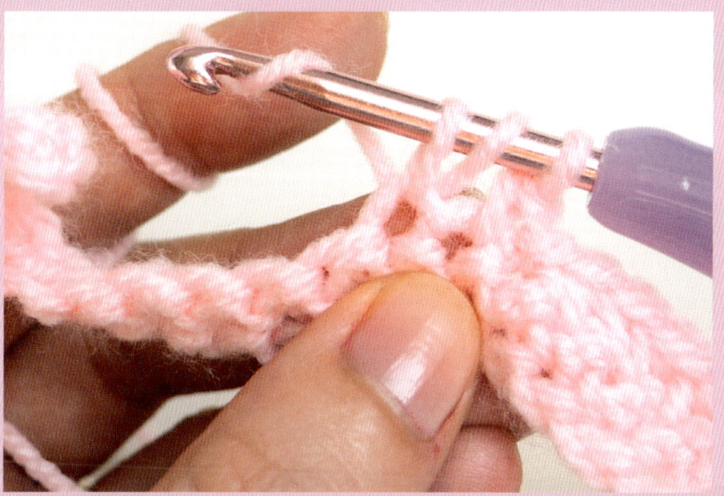

Du holst den Faden und ziehst ihn durch die ersten 2 Schlingen von links.

Hole erneut einen Umschlag mit dem Arbeitsfaden und ziehe diesen durch die verbleibenden 2 Schlingen.

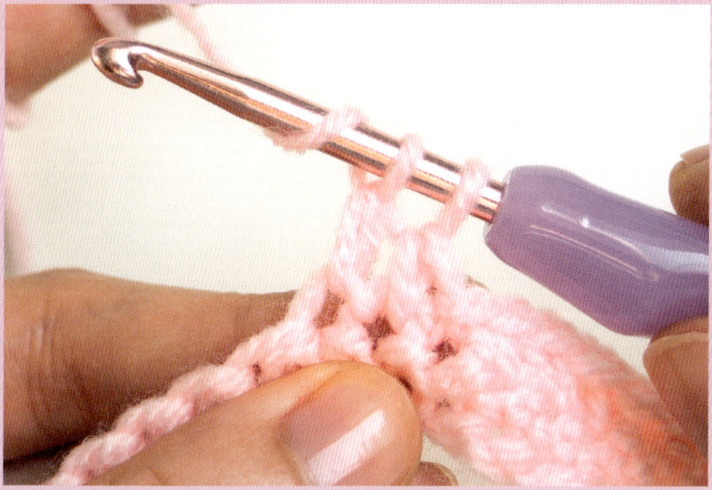

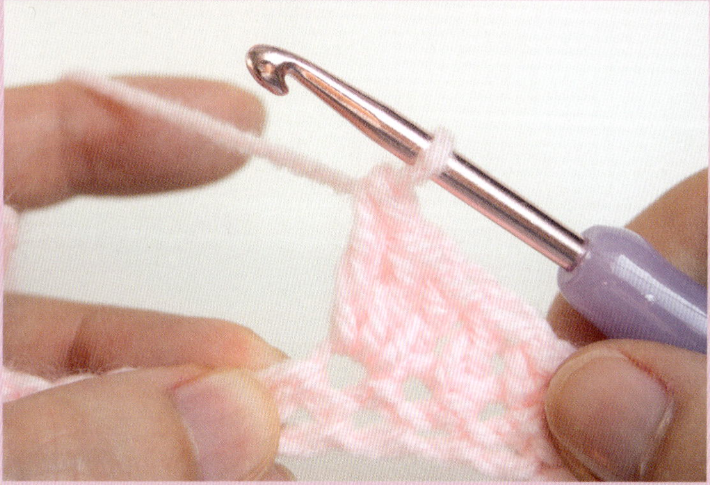

Mehrfache Zunahme

Eine Zunahme, d. h. in eine Einstichstelle mehrere Maschen häkeln, ist, mit Ausnahme der Luftmasche, bei allen Maschenarten möglich. Je nach Anleitung kann die Anzahl der Zunahmen variieren.

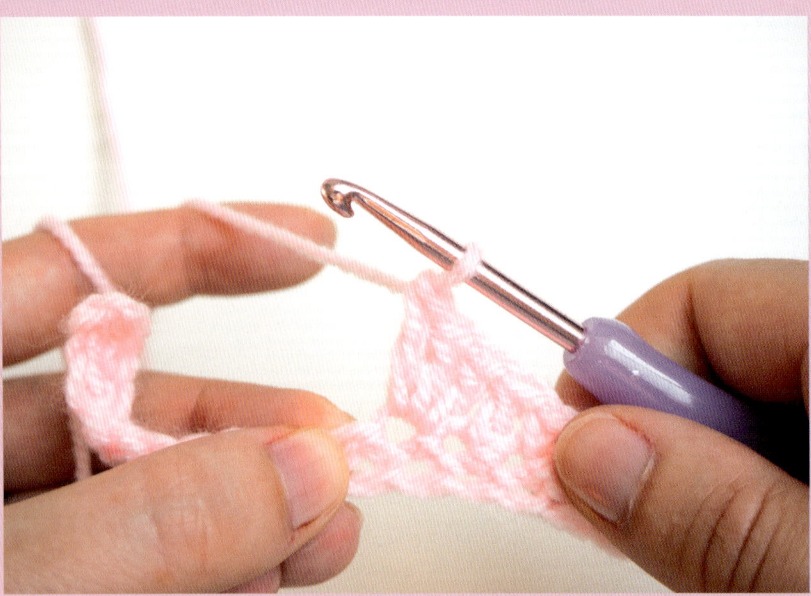

15

In die 14. Masche häkelst du 3 Stäbchen in 1 Masche. Damit erzeugst du wieder eine Zunahme und erhältst ein größeres Blütenblatt.

16

Ein weiteres einzelnes Stäbchen kommt in die 15. Masche. In die 16. Masche 1 feste Masche gefolgt von 1 Kettmasche in die 17. Masche. Damit hast du die 3. Welle fertiggestellt.

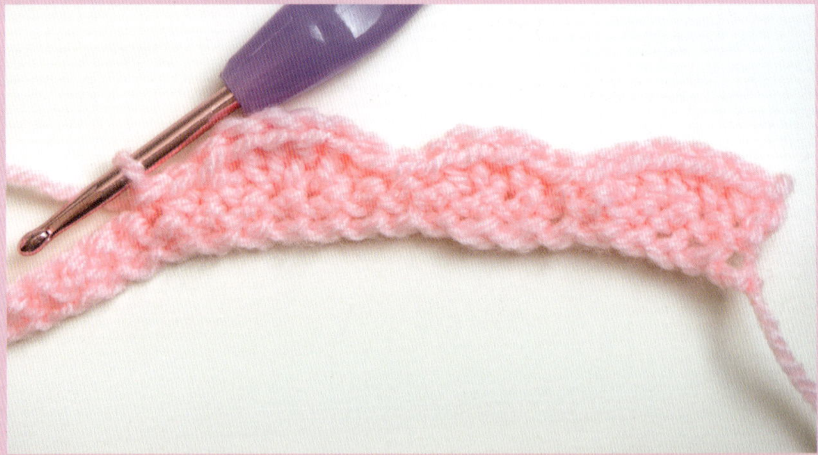

4. Welle

Nun häkelst du die 4. Welle wieder über 7 Maschen. Sie wird genauso gehäkelt wie die 3. Welle.

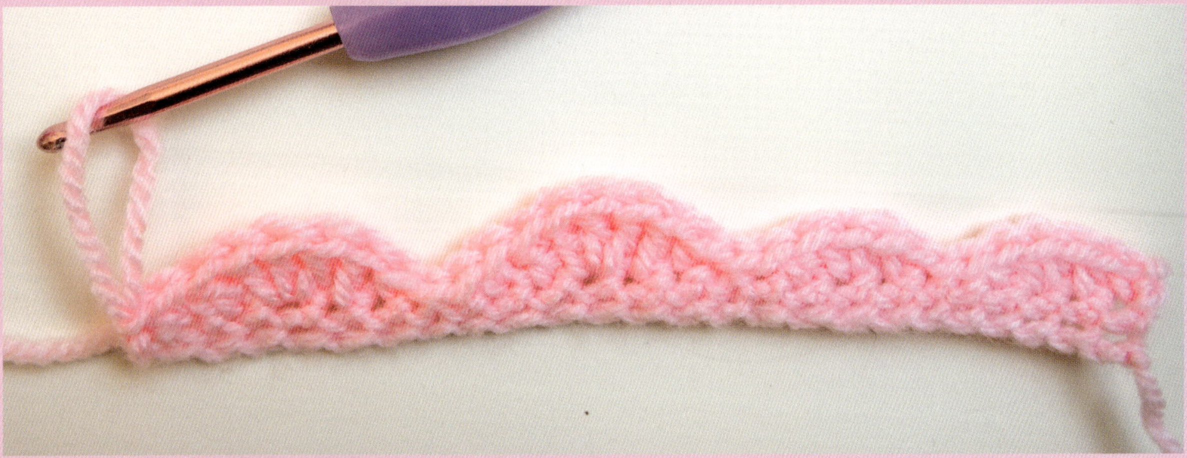

17

AUF EINEN BLICK

18. Masche: 1 Kettmasche

19. Masche: 1 feste Masche

20. Masche: 1 Stäbchen

21. Masche: 3 Stäbchen

22. Masche: 1 Stäbchen

23. Masche: 1 feste Masche

24. Masche: 1 Kettmasche

Wiederholungen

Wiederholungen (wie bei der 4. Welle) werden in Häkelanleitungen mit einem Stern * gekennzeichnet. Der * zeigt dir an, ab wann eine Maschenfolge wiederholt werden soll.

Man hätte hier also zuvor bei der 3. Welle Folgendes schreiben können: Häkle in die nächsten 7 Maschen * 1 Kettmasche, 1 feste Masche, 1 Stäbchen, 3 Stäbchen in 1 Masche, 1 Stäbchen, 1 feste Masche, 1 Kettmasche, ab * noch 1x wiederholen.

TIPP *Wenn du einmal während des Häkelns eine Pause brauchst, dann häkle auf jeden Fall deine angefangene Masche fertig. Die Schlaufe, die noch auf der Nadel ist, einfach größer ziehen. Damit ist die Gefahr reduziert, dass dein Häkelstück aufgeht. Möchtest du weiter häkeln, nimmst du die große Schlaufe wieder auf die Häkelnadel und ziehst sie enger.*

Beenden

Jetzt hast du es fast geschafft. Als letzten Schritt musst du deine Häkelarbeit beenden. Hier geht es darum, den Faden zu sichern, sodass sich nichts mehr lösen kann.

18

Um dein Häkelstück zu beenden, schneidest du den Arbeitsfaden etwas länger ab, denn du benutzt ihn noch zum Vernähen.

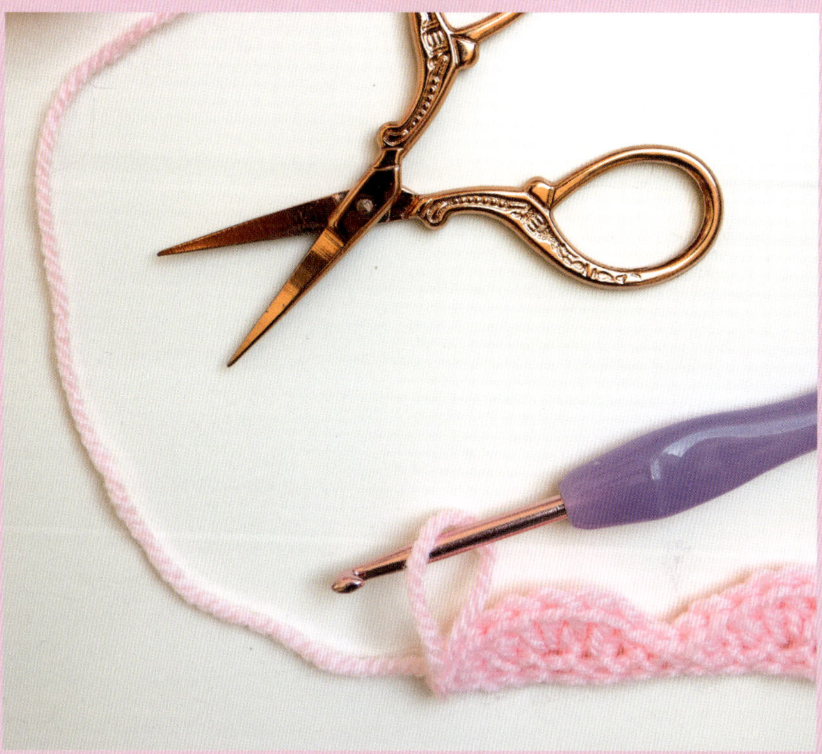

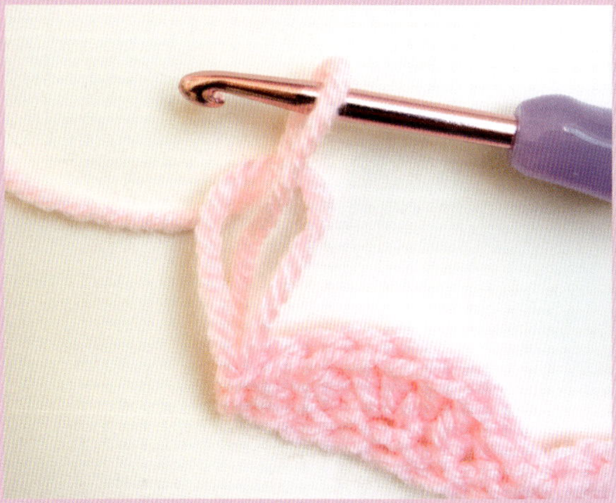

Ziehe den losen Faden nun durch die letzte Schlaufe, um ihn zu verknoten.

Fertigstellen

Zum Schluss nähst du die Rose nun noch zusammen. An dieser Stelle kannst du ihr noch den letzten Schliff geben und sie noch etwas ausarbeiten. Dafür ziehst du die Wellen noch ein bisschen auf und in Form.

19

Fädele den Endfaden in das Öhr der Wollnadel. Rolle nun deine 4 gehäkelten Wellen ein. Beginne bei den kleinen Blütenblättern der 1. und 2. Welle, damit diese in der Mitte der Blüte liegen.

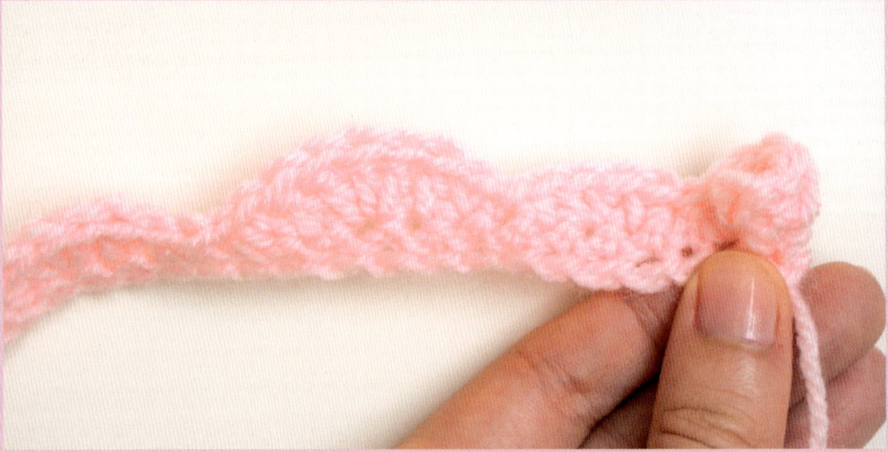

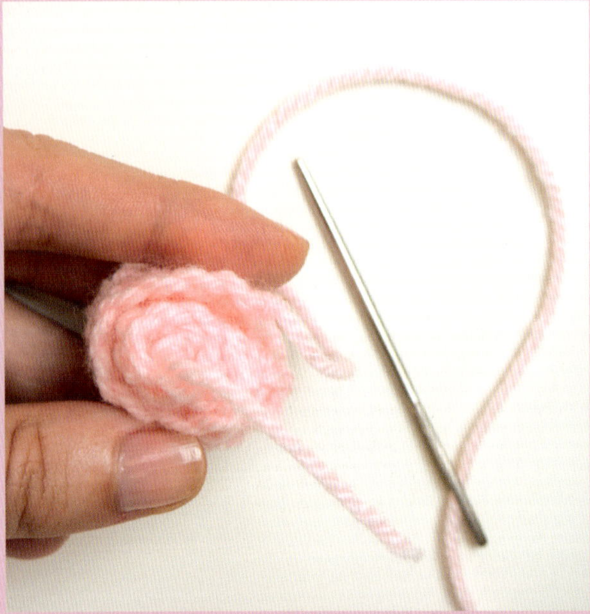

Rolle dein Häkelstück wie eine Schnecke auf. Dabei ist es hilfreich, stets von der Rückseite zu kontrollieren.

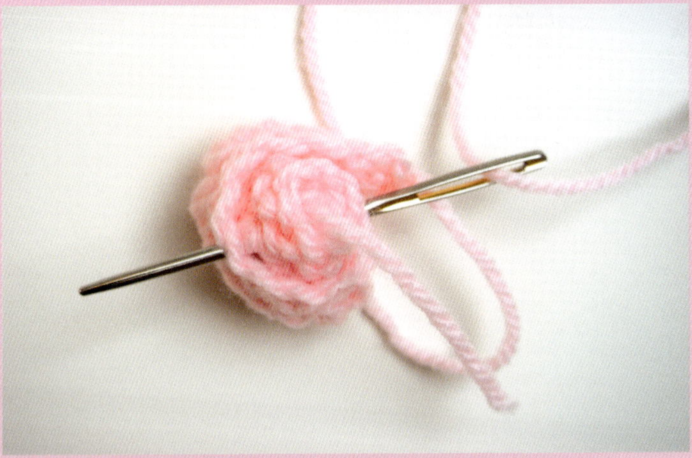

Auf der Rückseite wird auch zusammengenäht. Dazu nimmst du dir die eingefädelte Wollnadel und führst sie einmal auf Höhe der 1. Reihe (feste Maschen) durch die Rückseite der Rose.

Wichtig ist, dass du dabei auch die Mitte erfasst.

Drehe die Rose um 90 Grad und stich erneut einmal mit der Wollnadel durch die Rückseite der Rose. Im Anschluss stichst du nochmals mit der Nadel ein und kommst in der Nähe des Anfangsfadens heraus.

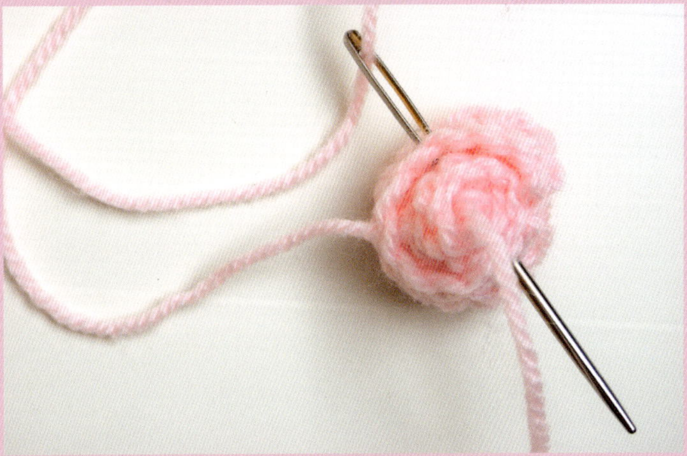

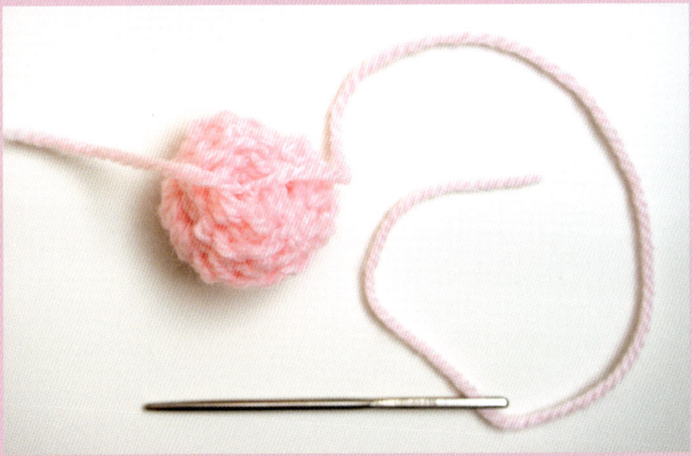

Den Anfangs- und Endfaden kannst du nun zwei- bis dreimal miteinander verknoten. Damit ist die Rose fixiert.

Wenn du die Rose irgendwo annähen möchtest, lass die Fäden einfach noch hängen und vernähe sie erst später.

Blatt

Dein Rosenköpfchen gefällt dir schon gut, aber dir fehlt noch ein kleiner Farbtupfer? Mit einem kleinen Blütenblatt peppst du dein Röschen ganz einfach auf und das Beste: Du hast alle verwendeten Maschen schon gelernt.

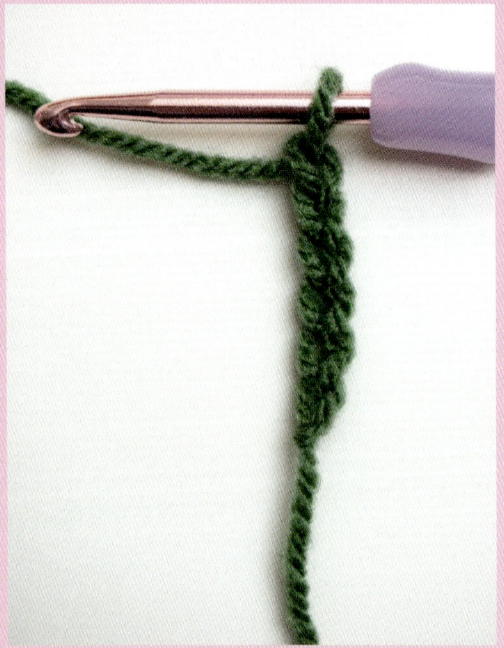

20

Dafür machst du mit dem Garn in der Farbe Farn eine Anfangsschlinge (siehe Schritt 1, Seite 20) und häkelst 6 Luftmaschen als Luftmaschenkette (siehe Schritt 3, Seite 25).

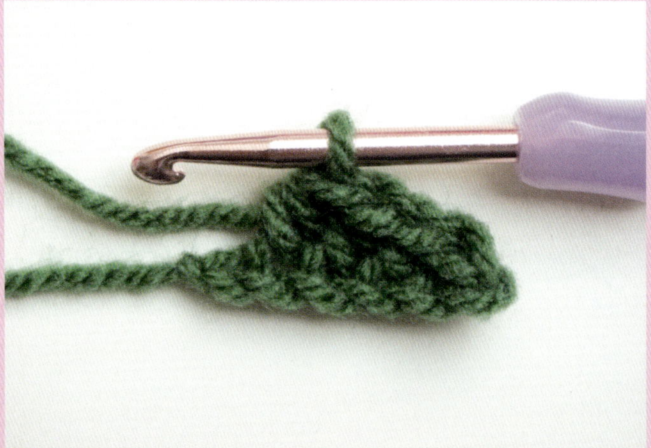

Häkle nun entlang der Luftmaschenkette wie folgt. Stich in die 2. Luftmasche von der Nadel aus ein und häkle 1 feste Masche. Häkle noch 1 feste Masche. In die nächsten 2 Maschen häkelst du jeweils 1 halbes Stäbchen.

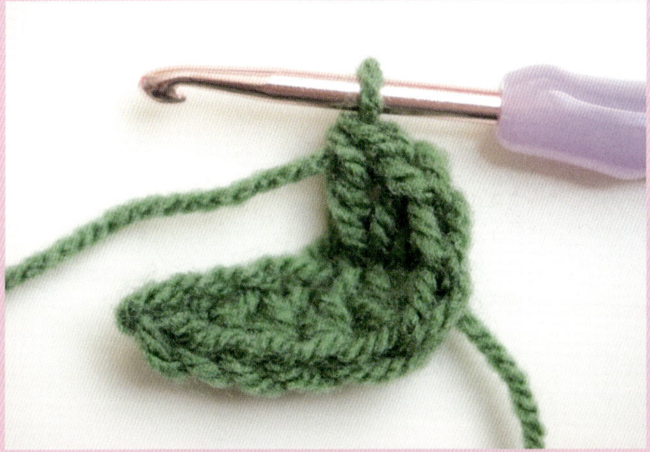

Nun solltest du bei der letzten Luftmasche angekommen sein. In diese häkelst du 6 Stäbchen (= Zunahme). Dadurch entsteht eine kleine Rundung und du gelangst auf die andere Seite der Luftmaschenkette.

Häkle nun an der Unterseite der Luftmaschenkette zurück. Starte mit 2 halben Stäbchen, weiter geht es mit 1 festen Masche und in die letzte Luftmasche 1 Kettmasche. Zum Schluss wird noch 1 Kettmasche in die 1. feste Masche vom Start gehäkelt.

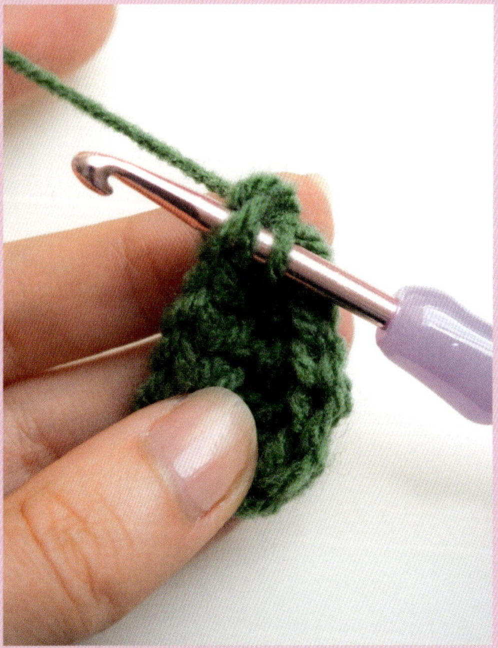

Den Arbeitsfaden etwas länger abschneiden, durch die letzte Schlaufe ziehen und fixieren. Den End- und Anfangsfaden kannst du wieder zum Annähen benutzen, daher musst du diese nicht sofort vernähen.

TIPP *Nähe das Blatt direkt an die Rückseite der Rose.*

Geschafft! Deine erste Häkelrose mit Blatt ist fertig.

Du kannst stolz auf dich sein, du hast deine erste Rose fertiggestellt und das war doch gar nicht so schwer!? Damit hast du dir ein schönes Deko-Element gehäkelt. Beispiele, wie du es weiter verwenden kannst, folgen auf den nächsten Seiten.

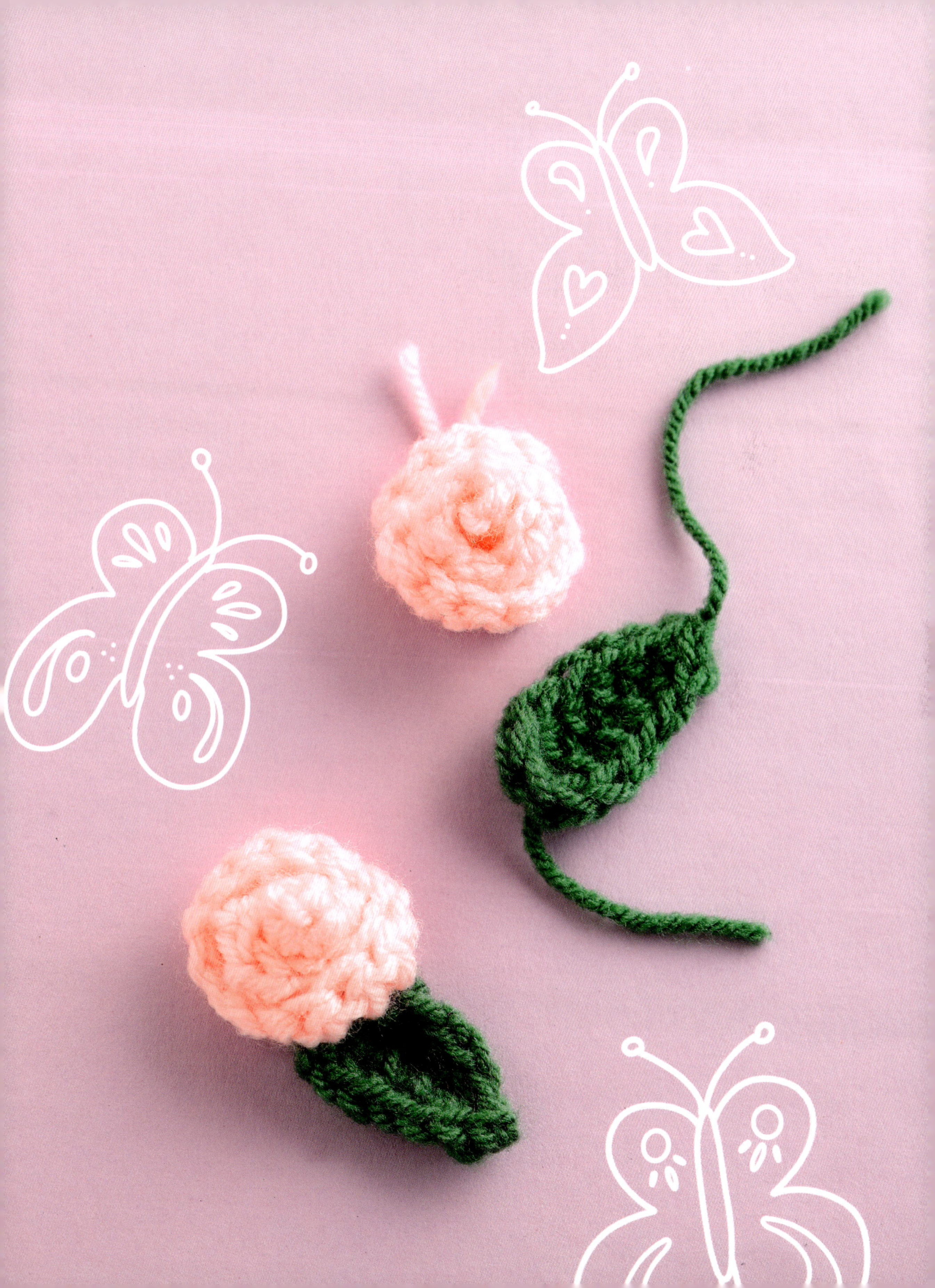

LUST AUF MEHR?

Dein erstes kleines Häkelobjekt hast du fertiggestellt.

Mit den gerade gelernten Grundmaschenarten bist du nun bestens vorbereitet, um weitere schöne und praktische Modelle mit der Häkelnadel anzufertigen.

Bei den folgenden Modellen kannst du jeweils eine bestimmte Maschenart besonders intensiv üben und deine gehäkelte Rose als Deko-Element annähen.

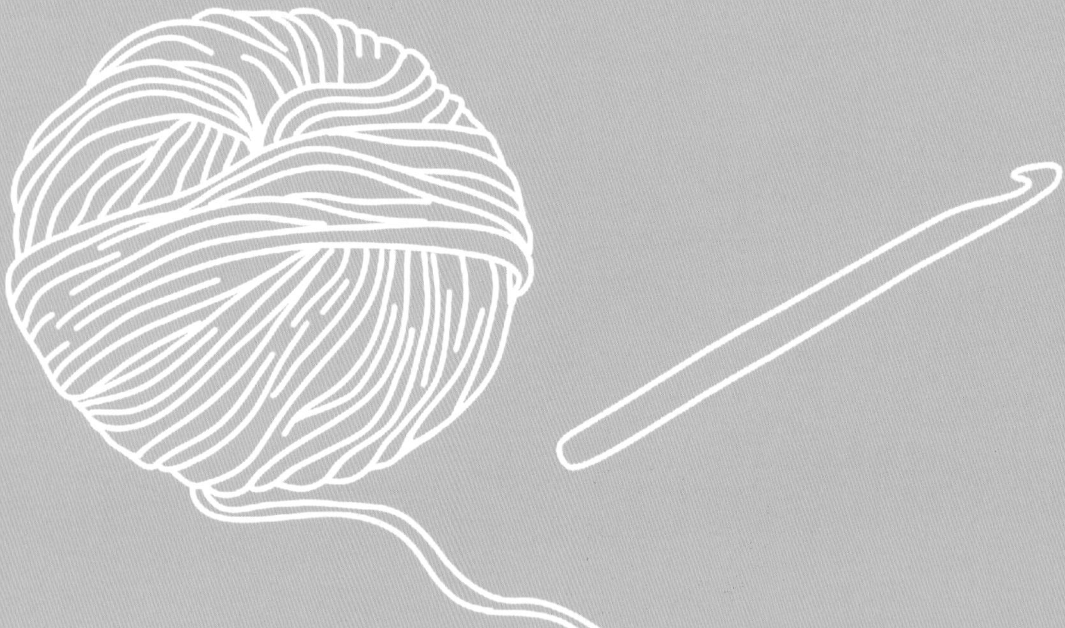

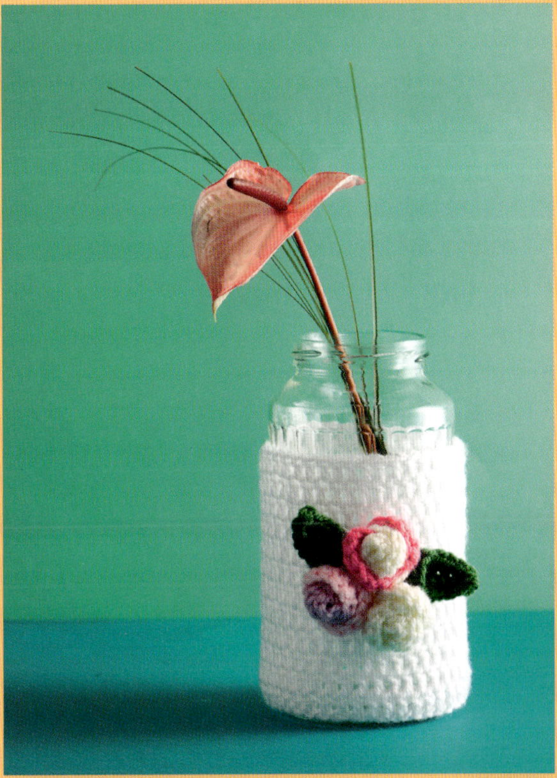

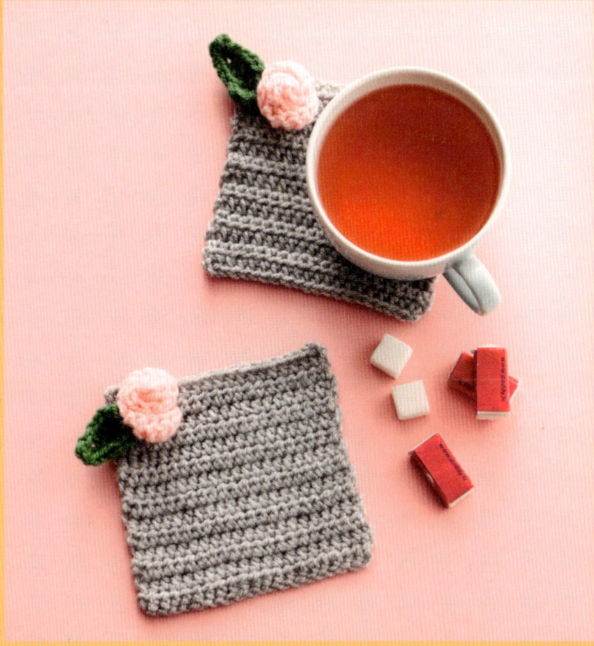

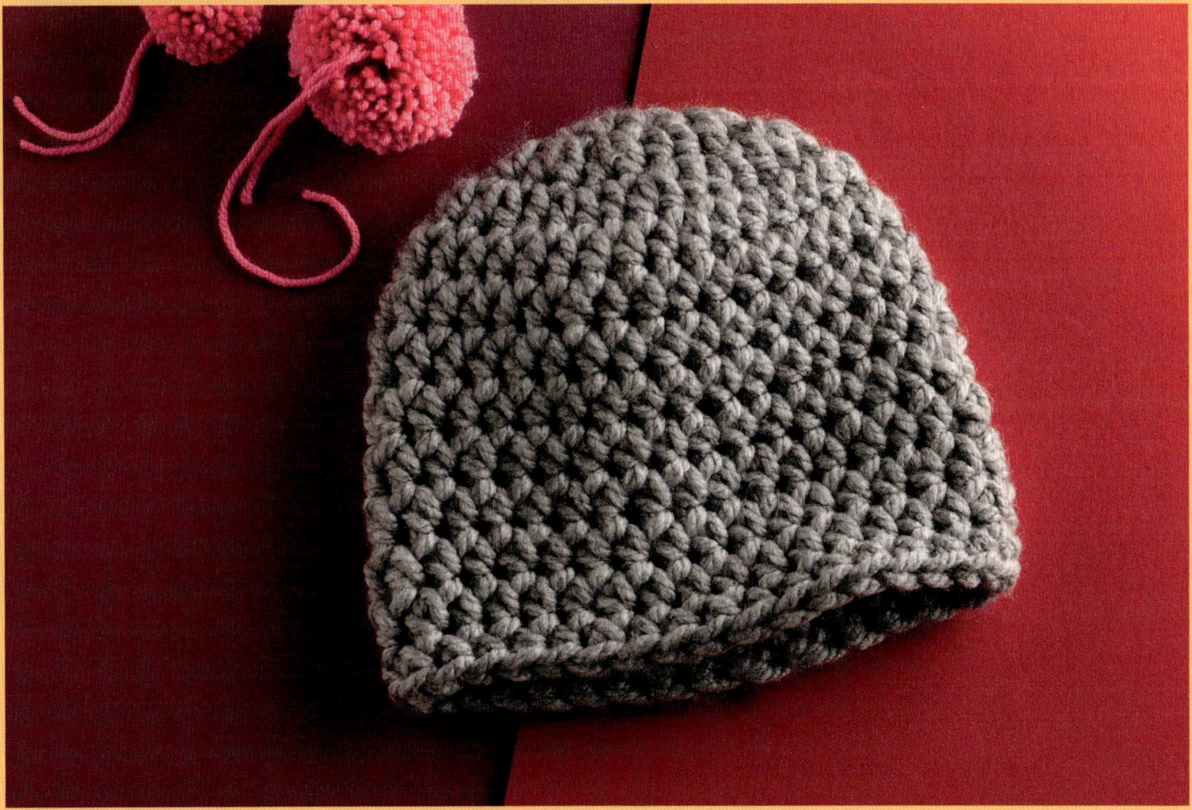

ZWEIFARBIGE ROSE

Die Häkelrose sieht auch zweifarbig sehr schön aus. Hier kannst du verschiedene Farbkombinationen ausprobieren.

MATERIAL

- *Schachenmayr Bravo (Lauflänge 133 m/ 50 g) in Ecru (Farbnummer 8200) und Candy (Farbnummer 8305), Reste*
- *Häkelnadel 4,0 mm*
- *Wollnadel*

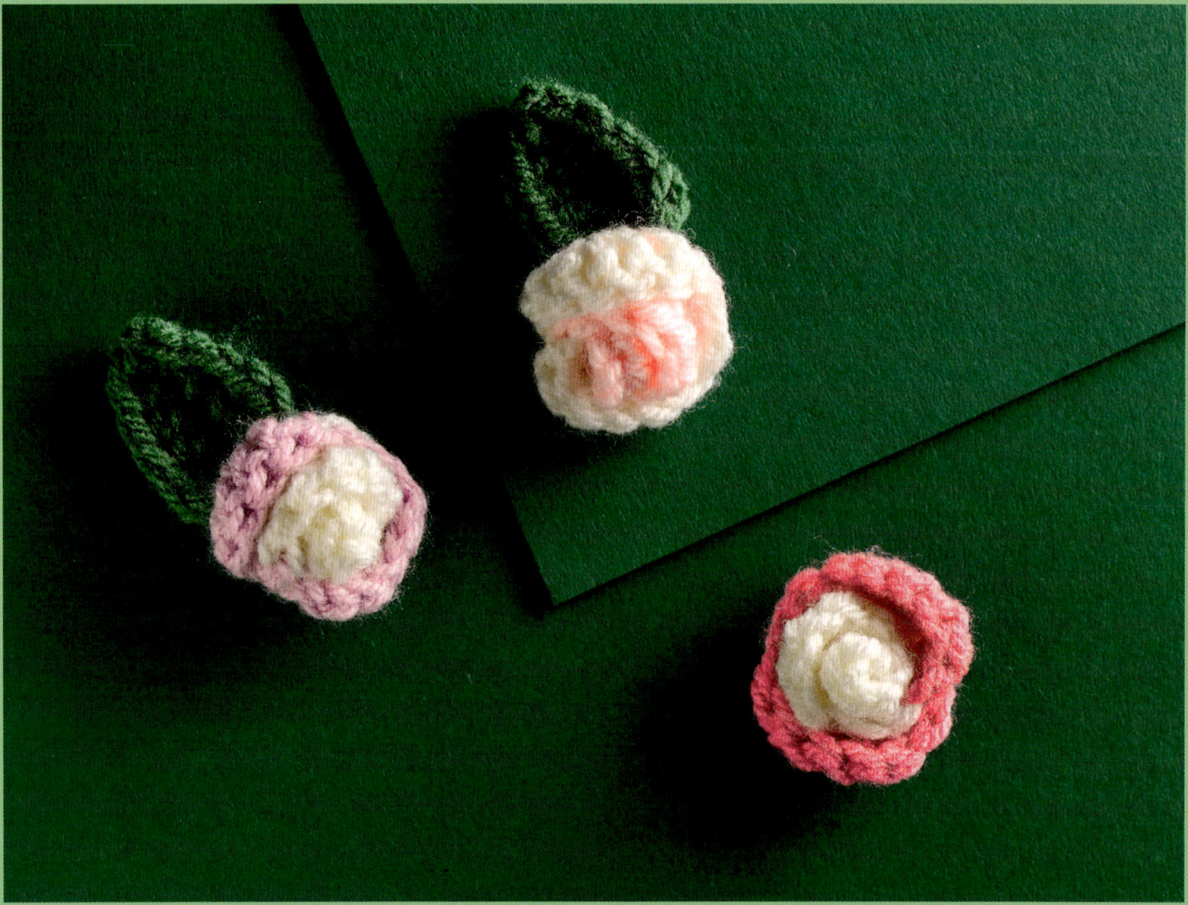

SO GEHT'S

Häkle zunächst mit Farbe 1 (= Ecru) die Schritte 1 bis 12 der Häkelrose, dann solltest du bis zum Ende der 2. Welle gekommen sein. Schneide den Arbeitsfaden von Farbe 1 – nicht zu kurz – ab. Nun bist du bei der 11. Masche und startest mit der 3. Welle. Hier wechselst du die Farbe. Dazu arbeitest du in Farbe 2 (= Candy) wieder eine Anfangsschlinge (siehe Schritt 1, Seite 20).

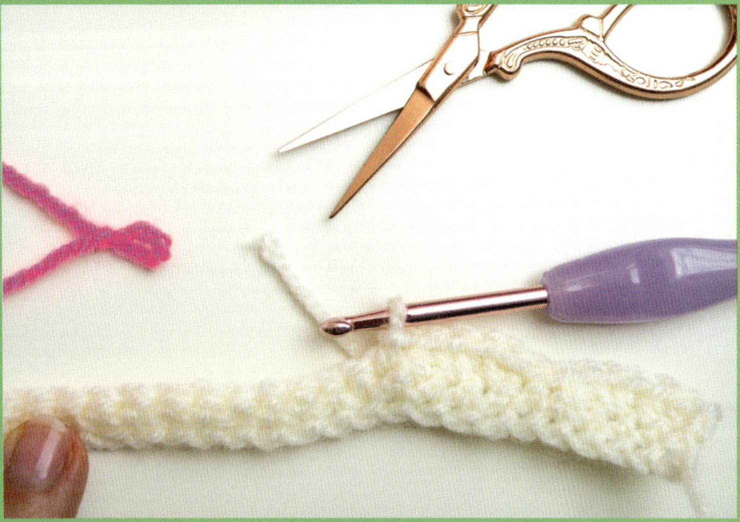

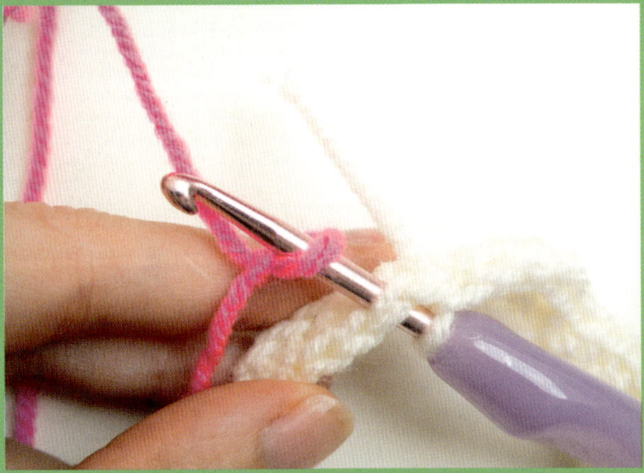

Nun stichst du die Häkelnadel in die 11. Masche vorn ein und ziehst die neue Anfangsschlinge von hinten durch diese Masche.

Da hier nach der Häkelanleitung eine Kettmasche benötigt wird, ziehst du die Schlinge direkt weiter durch die Einstichstelle auf die Nadel. Mit der neuen Farbe häkelst du ab der 12. Masche einfach die Schritte 13 bis 19 der Häkelrose weiter. Der kleine Knoten von der Anfangsschlinge fällt kaum auf und ist besonders praktisch, weil der Faden beim Farbwechsel nicht entgleitet.

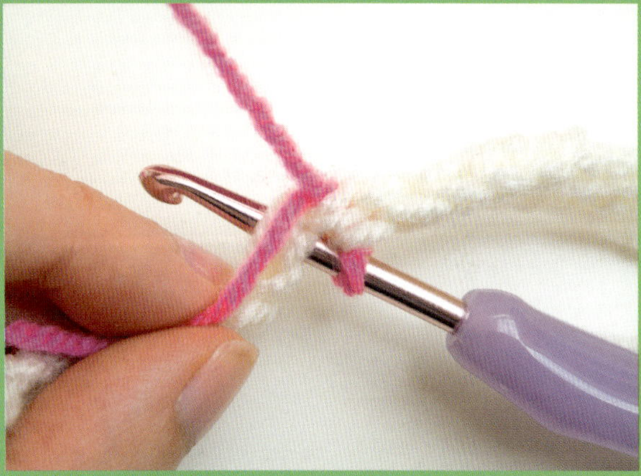

Die Fäden kannst du entweder zum Schluss vernähen oder gleich mit einhäkeln. Beim Einhäkeln legst du nach dem Anschlingen der neuen Farbe die Restfäden mittig auf die Maschen der Vorreihe in Häkelrichtung und umhäkelst diese mit den neuen Maschen laut Anleitung.

Farbwechsel

Hier erfährst du, welche Möglichkeiten des Farbwechsels es noch gibt und wie man vorgeht, wenn das Garn zu Ende ist und eine neues Knäuel angefangen wird.

... AM ANFANG EINER REIHE/RUNDE

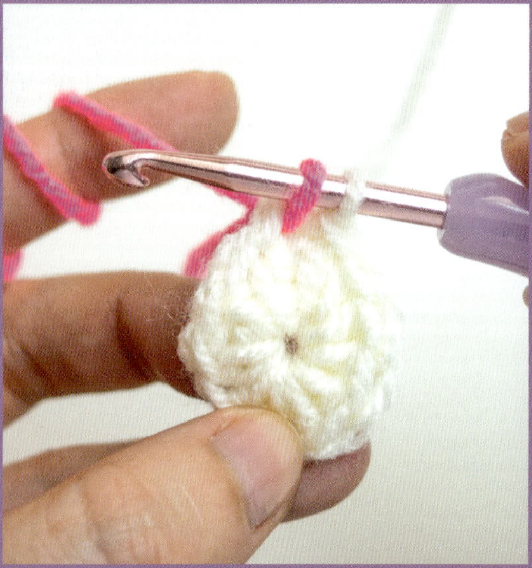

Wenn du die Farbe am Anfang einer Reihe oder Runde wechselst, machst du zunächst eine Anfangsschlinge und ziehst diese mit der Häkelnadel von hinten durch die Masche.

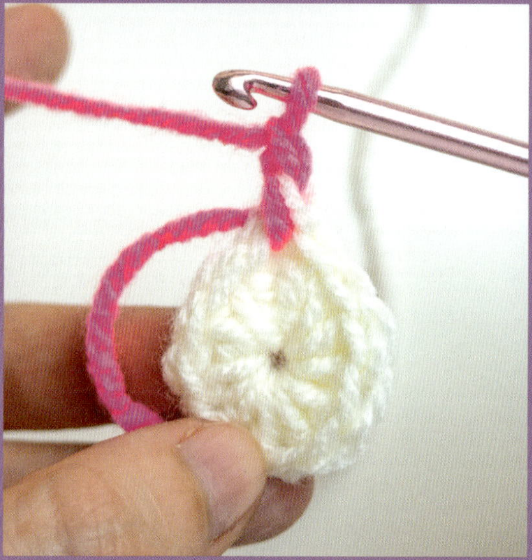

Dann häkelst du die notwendige Anzahl an Wendeluftmaschen, um auf die benötigte Höhe der nächsten Maschenart zu kommen (siehe Seite 16). Dann mit der neuen Farbe weiterhäkeln

... INNERHALB EINER REIHE

Bei der letzten Masche in der alten Farbe den letzten Schritt, also das Abmaschen mit dem letzten Umschlag weglassen.

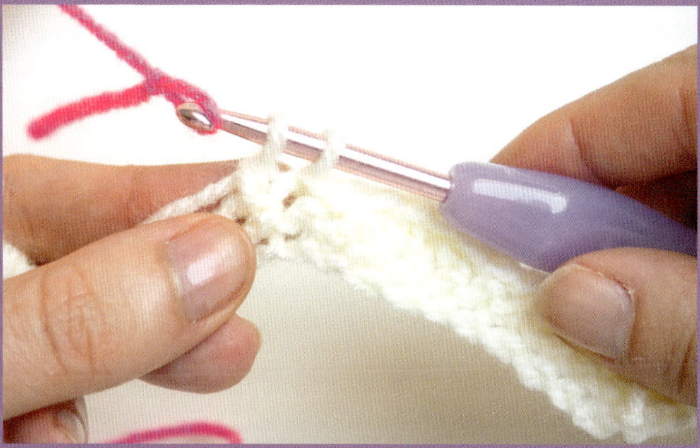

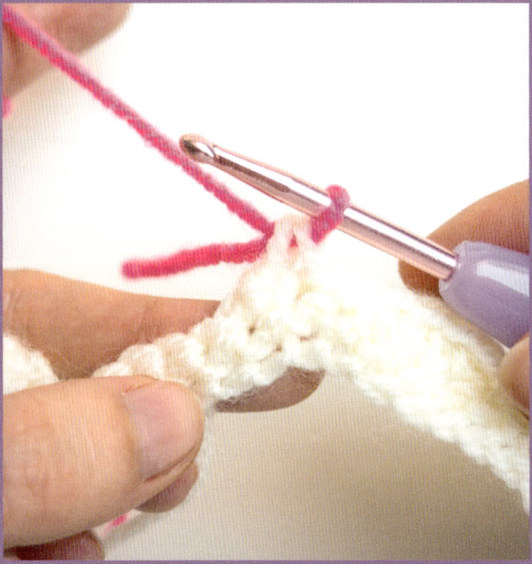

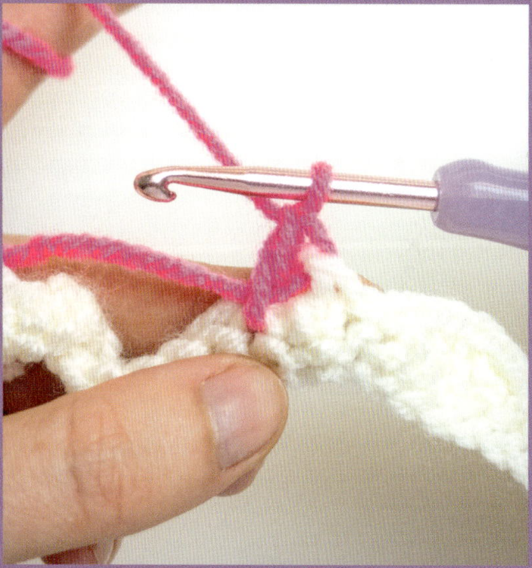

Mit der neuen Farbe eine Anfangsschlinge machen und diese durch alle Schlingen ziehen, die sich auf der Nadel befinden (eine oder mehrere Schlingen sind je nach Maschenart möglich), um die Masche fertig zu stellen.

Nun mit der neuen Farbe einfach weiterhäkeln.

HINWEIS: *Die Endfäden können entweder direkt mit eingehäkelt oder später vernäht werden.*

HANDYHÜLLE

Hier kannst du feste Maschen üben: Mit vielen festen Maschen hast du dir schnell eine stabile Schutzhülle fürs Handy gehäkelt. Als Verschluss kannst du, je nach Vorliebe, einen Knopf oder deine gehäkelte Rose annähen.

MATERIAL

- *Schachenmayr Bravo (Lauflänge 133 m/50 g) in Hellgrau meliert (Farbnummer 8295), 50 g*
- *1 Häkelrose oder Knopf*
- *Häkelnadel 4,0 mm*
- *Wollnadel*
- *Schere*
- *Maschenmarkierer*

SO GEHT'S

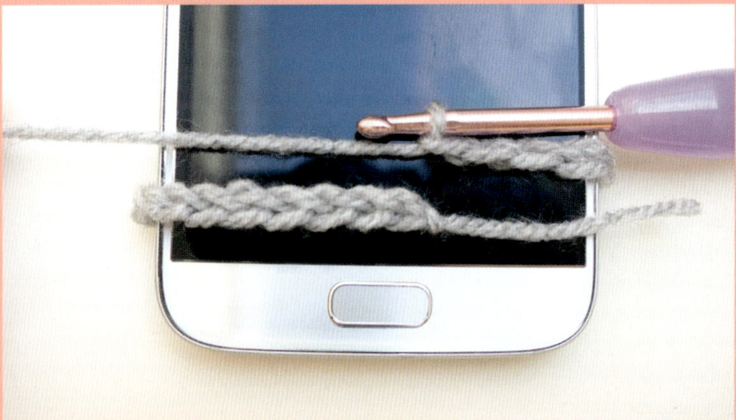

Du startest dieses Modell mit einer Anfangsschlinge und einer Luftmaschenkette. Damit du weißt, wie lang deine Luftmaschenkette sein muss, lege dir am besten dein Handy parat. Deine Luftmaschenkette muss einmal horizontal um dein Handy herumgehen.

Schließe die Luftmaschenkette mit 1 Kettmasche in die 1. Luftmasche der Kette. Pass dabei auf, dass die Luftmaschenkette sich nicht verdreht.

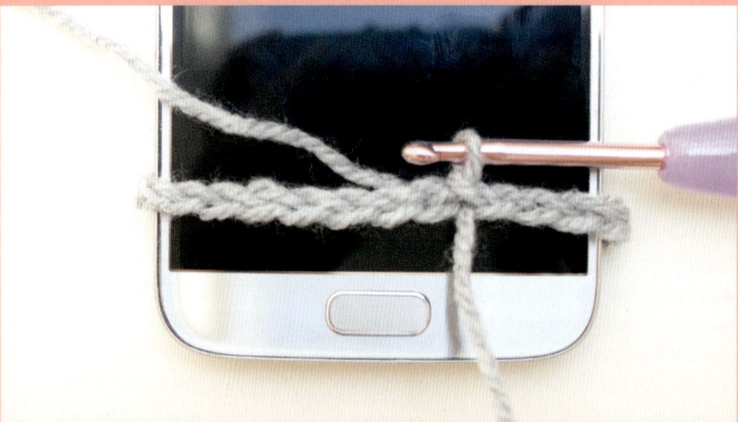

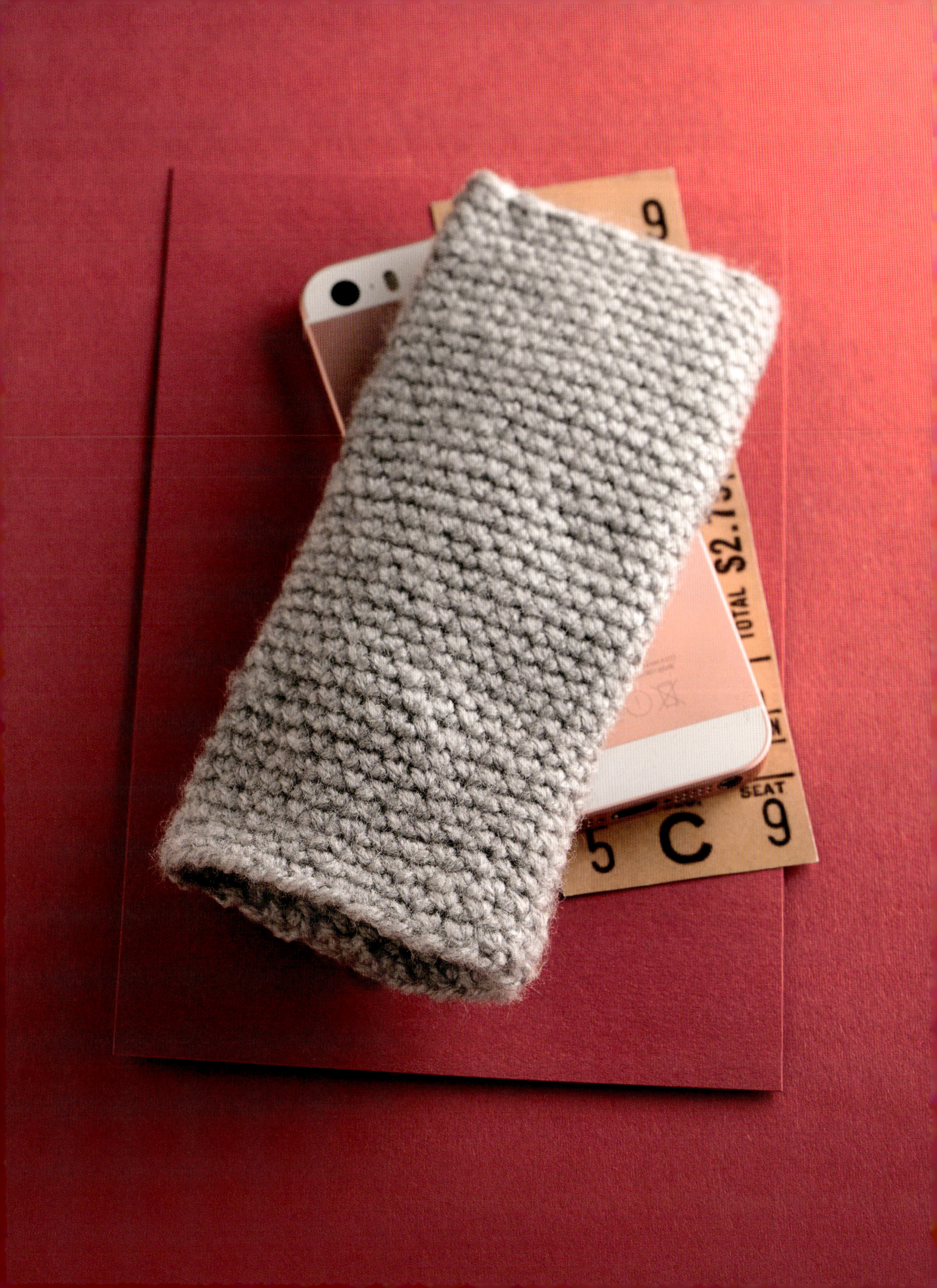
9
TOTAL
SEAT
5 C 9

Du häkelst ab sofort in Runden, d. h. du musst deine Arbeit nicht mehr wenden. Um auf die Höhe für die nächste Runde und die Maschenart „feste Maschen" zu kommen, häkelst du am Rundenanfang immer 1 Luftmasche. Man nennt sie Steigeluftmasche (siehe Seite 16). Die Bezeichnungen Wende- oder Steigeluftmaschen sind also nur Sondernamen für normale Luftmaschen.

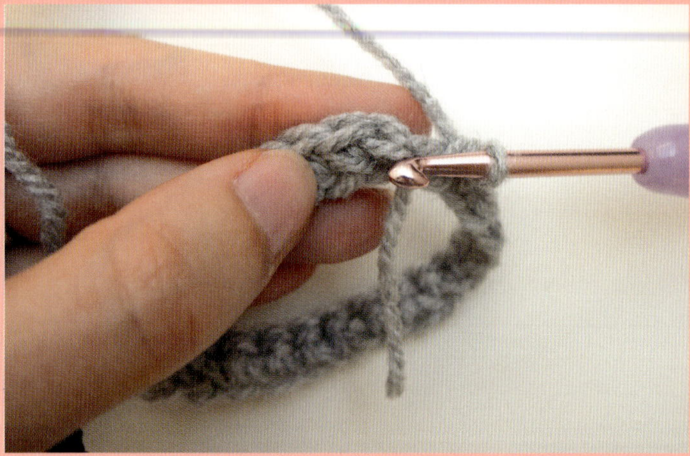

Häkle nun die 1 Steigeluftmasche und in jede Luftmasche der Luftmaschenkette 1 feste Masche. Wenn du alle Maschen der Runde gehäkelt hast, kommst du wieder zur 1. Steigeluftmasche. Hier schließt du die Runde mit 1 Kettmasche.

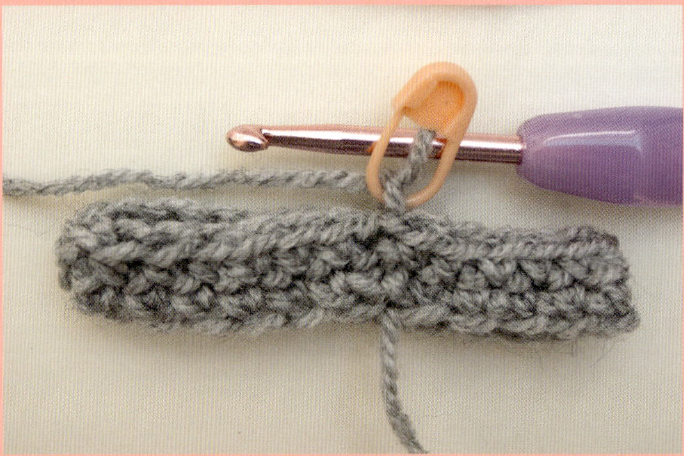

Dieses Prinzip wiederholst du ab sofort. Das bedeutet, du startest jede Runde mit 1 Luftmasche, die als Steigeluftmasche dient, um die Höhe der festen Maschen zu erreichen. Im Anschluss häkelst du in jede Masche 1 feste Masche und schließt am Ende die Runde mit 1 Kettmasche.

Da die feste Masche nicht so hoch ist und man aus diesem Grund schnell den Rundenanfang übersieht, ist es empfehlenswert, die jeweils 1. Luftmasche jeder Runde mit einem Maschenmarkierer zu kennzeichnen. So weißt du immer, wann du wieder mit einer neuen Runde starten musst.

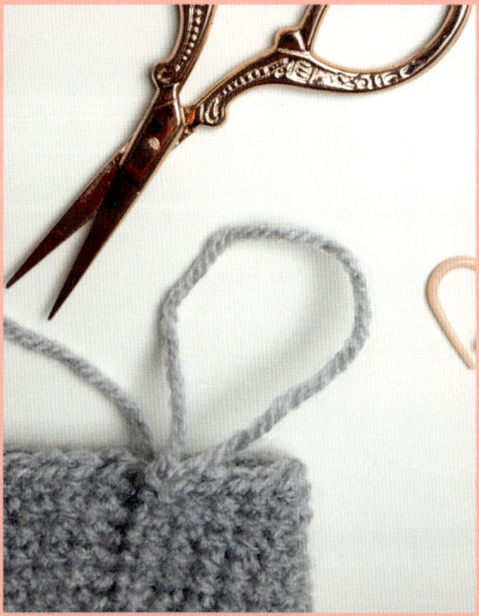

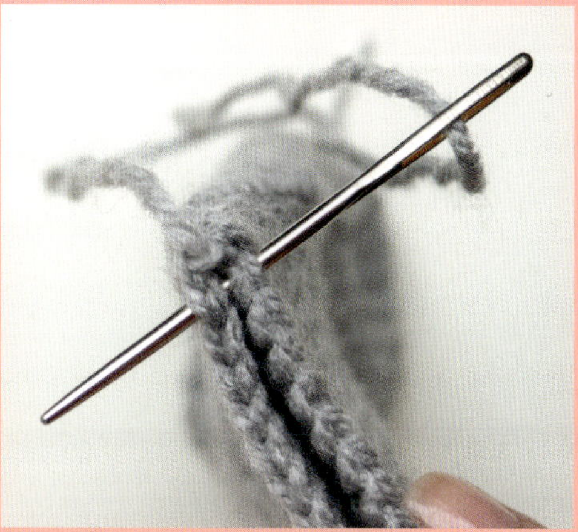

Wiederhole die Runden, bis das Häkelstück so lang geworden ist, dass dein Handy vollständig hineinpasst. Häkle noch ca. 3 Runden mehr, damit die Hülle sich auch gut schließen lässt. Schneide den Arbeitsfaden etwas länger ab, denn diesen wirst du noch zum Verschließen des Bodens der Hülle benutzen. Verknote den Endfaden.

Lege nun die oberen Kanten so aufeinander, dass der Endfaden an der Seite liegt. Fädle den Endfaden in das Öhr der Wollnadel und nähe den Boden zu. Verknote und vernähe den Endfaden, wenn du fertig bist. Denk daran, auch den Anfangsfaden zu vernähen.

Damit hast du deine Handyhülle an der einen Seite verschlossen und sie ist bereits funktionstüchtig.

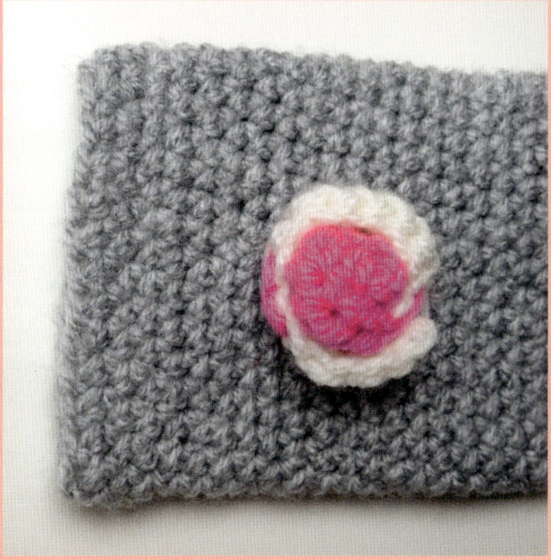

Wenn du möchtest, kannst du auch noch einen Verschluss häkeln. Dazu legst du die Hülle mit dem verschlossenen Boden nach unten vor dich hin. Im oberen Drittel nähst du mittig entweder deine Häkelrose oder einen größeren Knopf an.

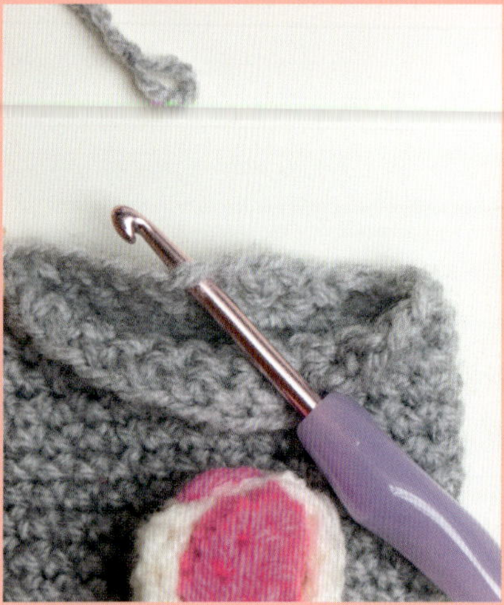

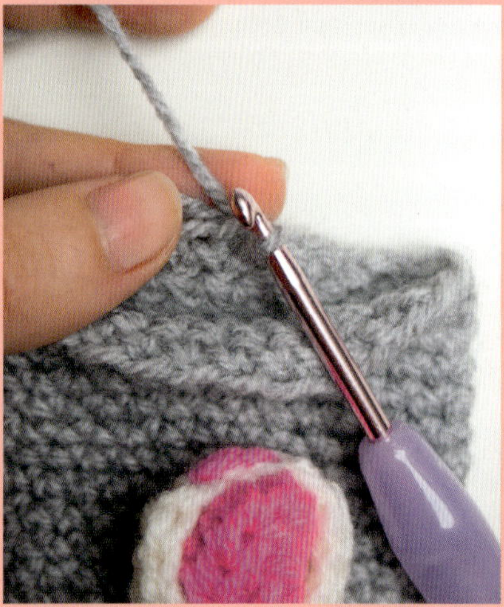

Mache nun eine Anfangsschlinge und befestige diese mittig an der rückwärtigen Kante der Öffnung, indem du die Anfangsschlinge von hinten durch die Masche ziehst und mit 1 Luftmasche befestigst.

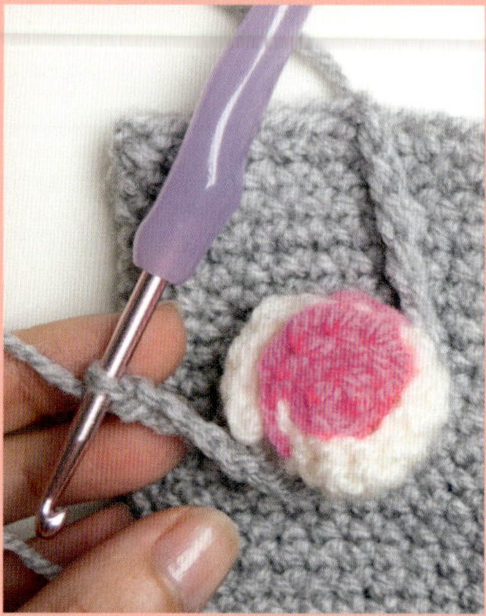

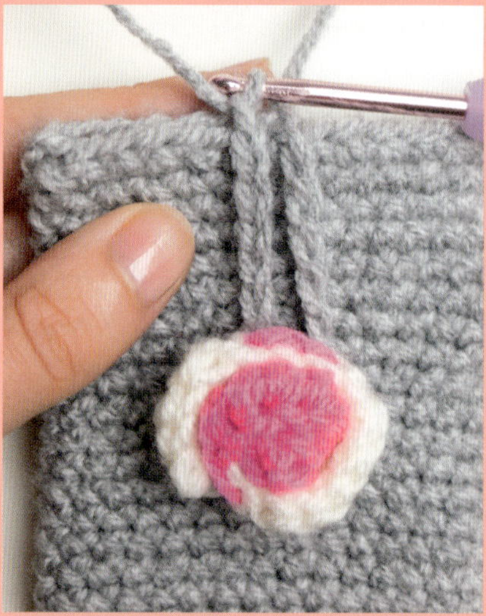

Häkle dann so viele Luftmaschen, bis die Luftmaschenkette die Länge erreicht hat, dass sie um deine Rose (oder deinen Knopf) und wieder zurück zur Anfangsschlinge reicht. Hier befestigst du die Luftmaschenkette mit 1 Kettmasche. Du schneidest den Faden ab, sicherst diesen mit einem Knoten und vernähst alle Fäden.

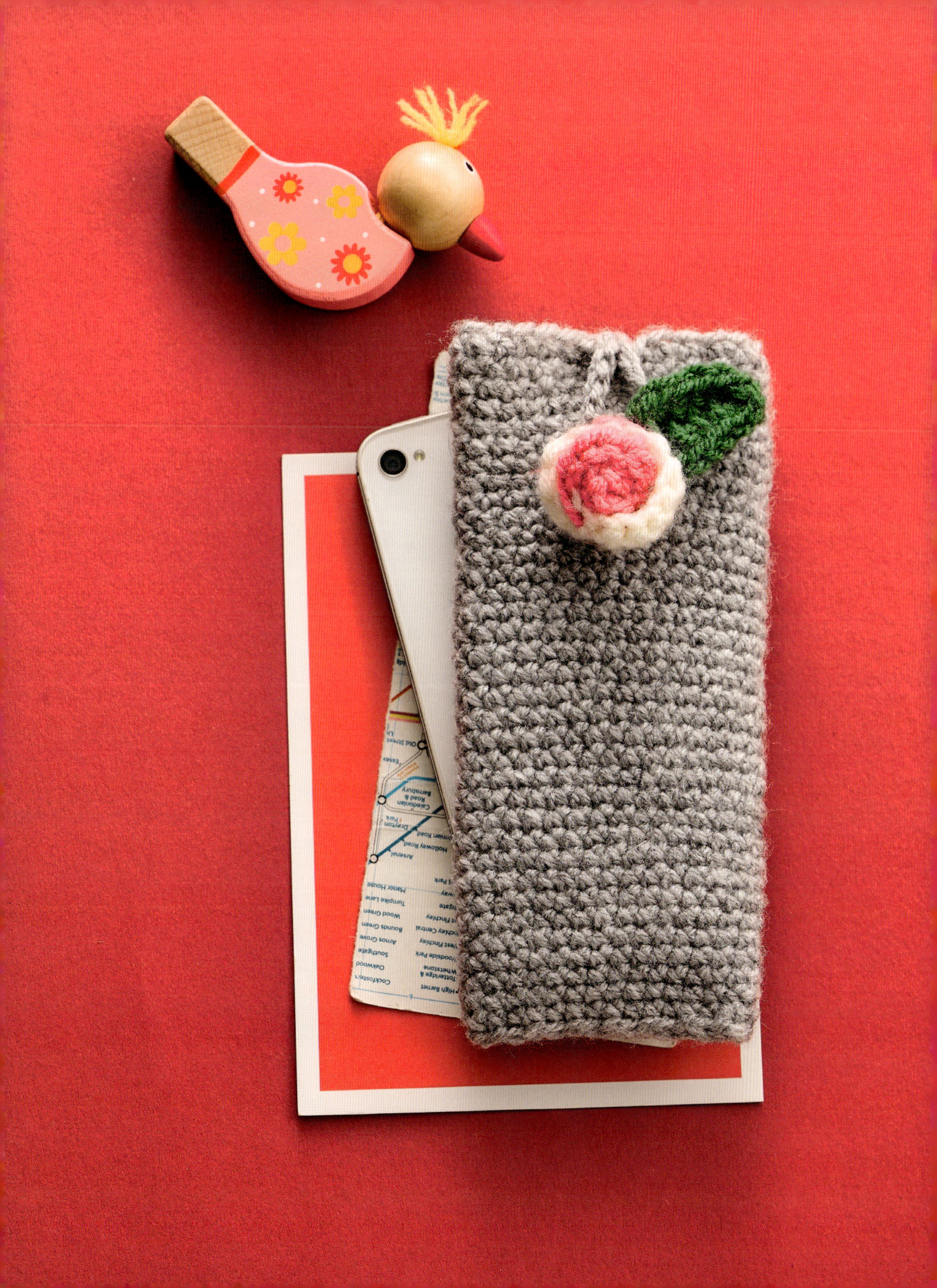

TASSEN-UNTERSETZER

Tassen- oder Glasuntersetzer sind sehr praktisch und können mit dem angegebenen Garn auch gut gewaschen werden. Bei diesem Projekt übst du halbe Stäbchen.

MATERIAL

- *Schachenmayr Bravo (Lauflänge 133 m/50 g) in Hellgrau meliert (Farbnummer 8295), 50 g*
- *Häkelnadel 4,0 mm*
- *Wollnadel*
- *Schere*

SO GEHT'S

Bilde eine Anfangsschlinge und häkle eine Luftmaschenkette mit 22 Luftmaschen. Stich in die 3. Luftmasche von der Häkelnadel aus ein und häkle 1 halbes Stäbchen (siehe Schritt 8, Seite 30).

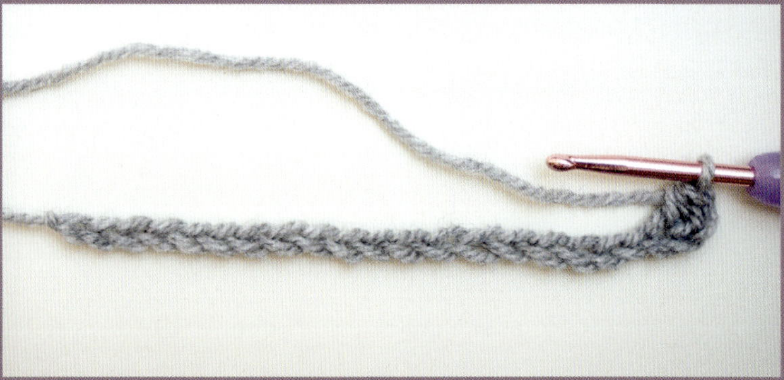

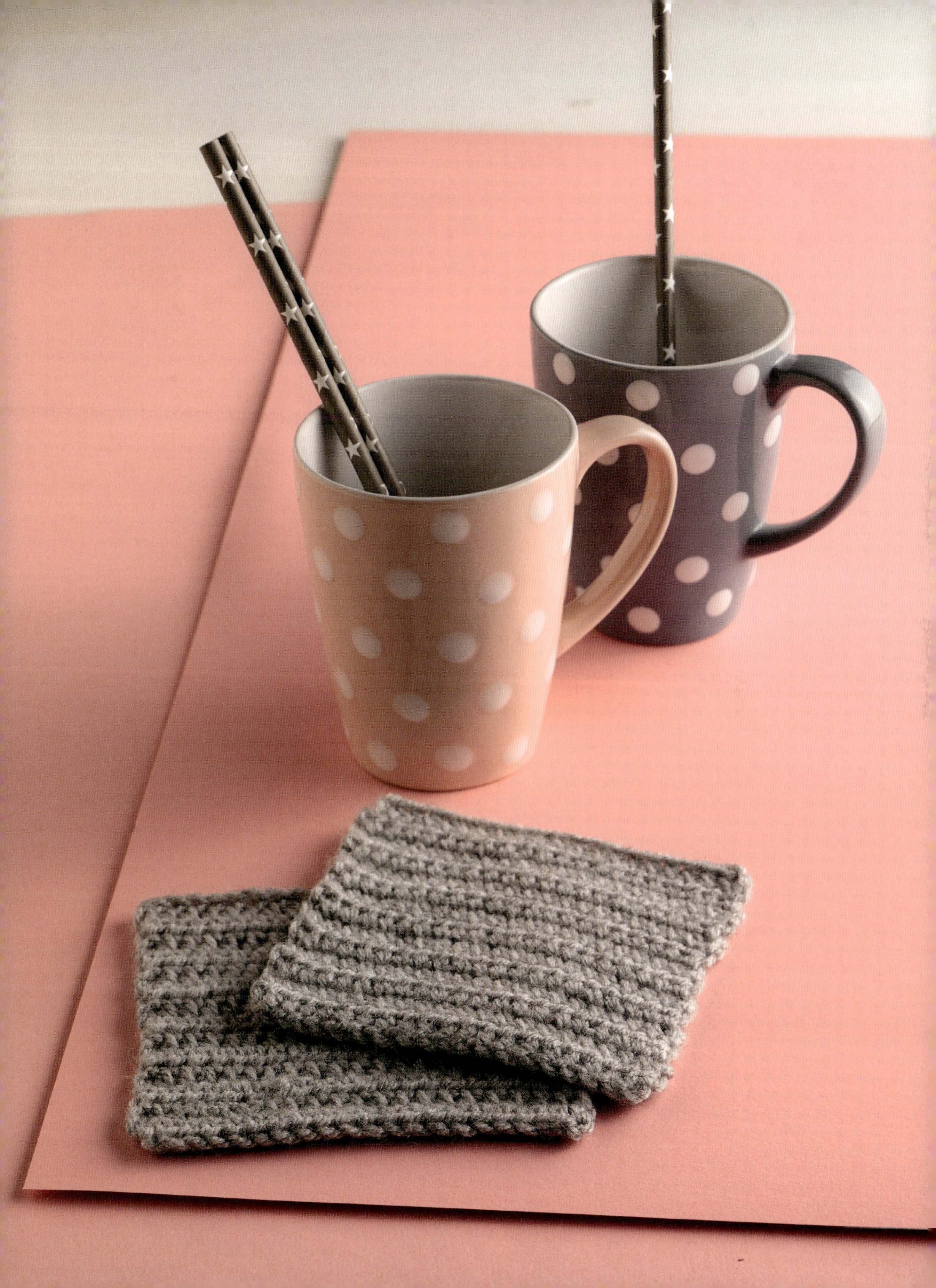

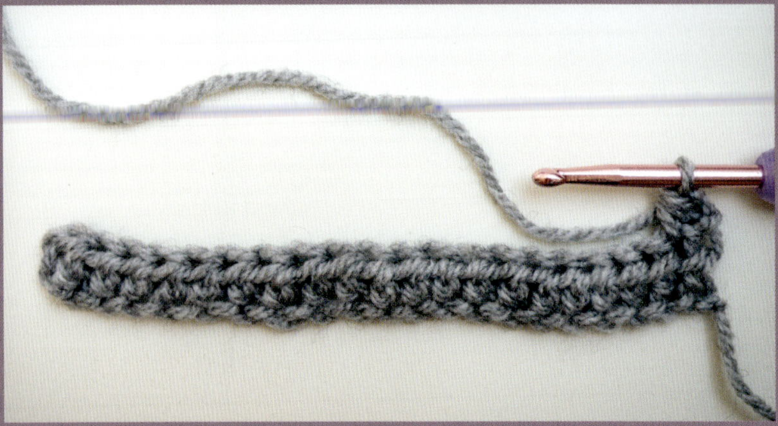

Häkle nun in jede weitere Luftmasche (entlang der Luftmaschenkette) 1 halbes Stäbchen. Wenn du am Ende angelangt bist, solltest du insgesamt 20 halbe Stäbchen in einer Reihe gehäkelt haben.

Nun wendest du und startest die 2. Reihe mit 2 Wende- bzw. Steigeluftmaschen. Häkle nun wieder in jede Masche 1 halbes Stäbchen bis zum Ende der Reihe. Das sind insgesamt 20 halbe Stäbchen.

Wiederhole die 2. Reihe (20 halbe Stäbchen, 2 Wende-/Steigeluftmaschen), bis du insgesamt 14 Reihen gehäkelt hast. Nun solltest du ein Quadrat haben. Eventuell musst du deine Arbeit noch etwas zurechtziehen. Schneide zum Schluss den Arbeitsfaden ab, verknote den Endfaden und vernähe beide Fäden. Wenn du möchtest, kannst du zum Verzieren an einer Ecke noch eine Häkelrose annähen.

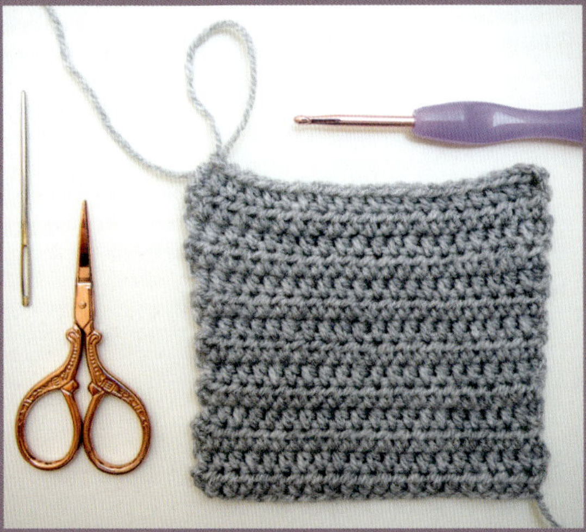

TIPP *Du möchtest noch eine Herausforderung? Dann kannst du auch bunt geringelte Untersetzer häkeln. Dafür wechselst du nach jeder Reihe die Farbe, indem du die neue Farbe am Ende der Reihe in der letzten Masche anschlingst und die Wendeluftmaschen schon in der neuen Farbe häkelst.*

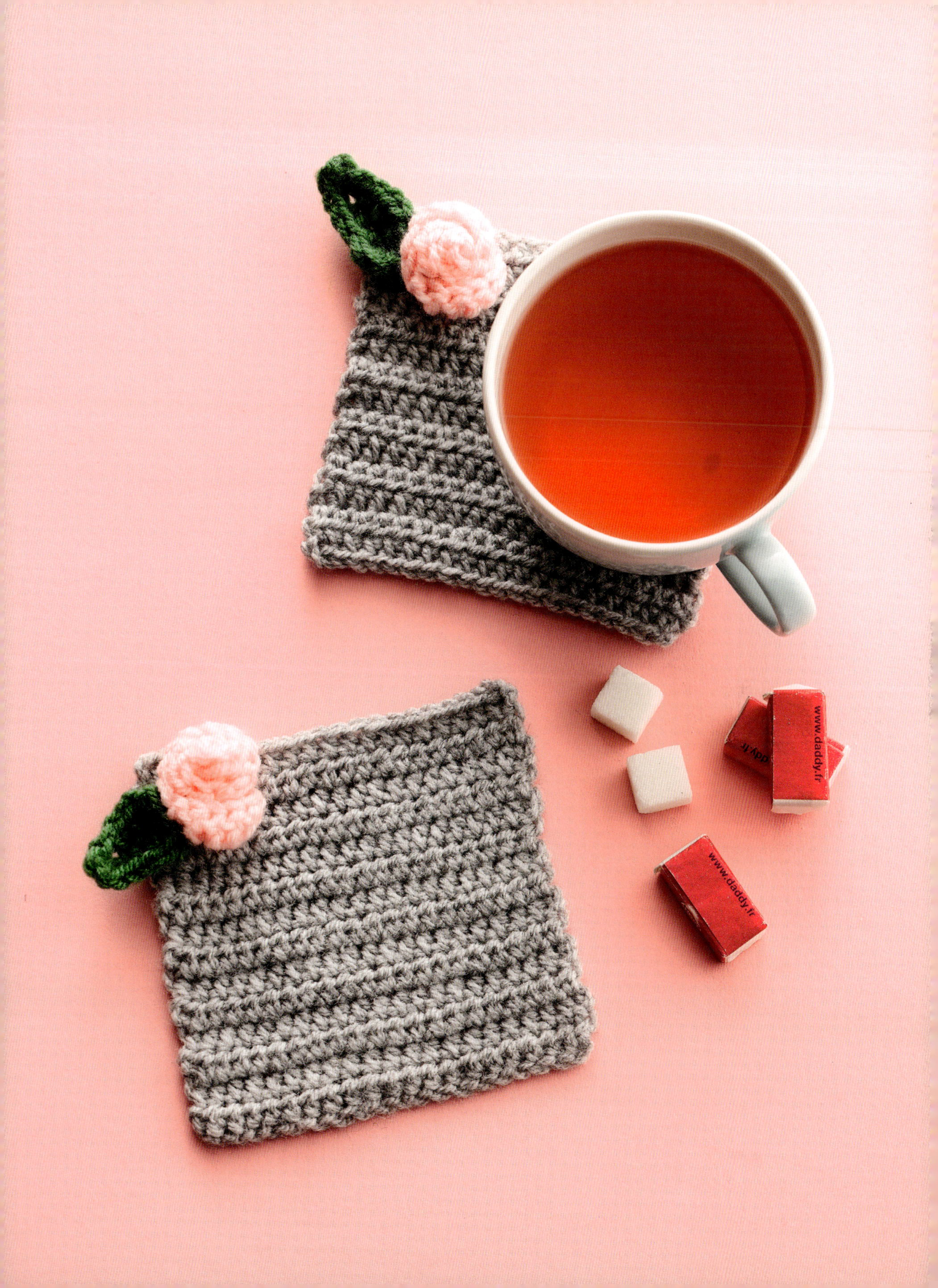
www.daddy.fr
www.daddy.fr

VASE

Bei diesem Häkelprojekt wirst du fleißig Stäbchen üben und ganz nebenbei Upcycling betreiben. Denn für dieses Modell kannst du ein altes Glas – es sollte gerade und nicht bauchig sein – bestens verwenden. Du häkelst eine Hülle für das Glas und bekommst eine schöne Vase.

MATERIAL

- *Schachenmayr Bravo (Lauflänge 133 m/ 50 g) in Weiß (Farbnummer 8224), 50 g*
- *Häkelnadel 4,0 mm*
- *Wollnadel*
- *Schere*
- *Glas*

SO GEHT'S

Beginne mit einer Anfangsschlinge und einer Luftmaschenkette. Die Luftmaschenkette soll so lang werden, dass sie einmal um den Boden des Glases reicht.

Schließe die Luftmaschenkette mit 1 Kettmasche in die 1. Luftmasche, pass dabei auf, dass die Luftmaschenkette sich nicht verdreht.

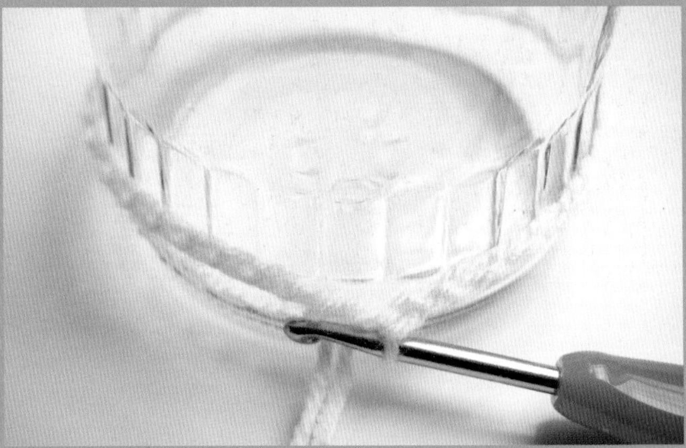

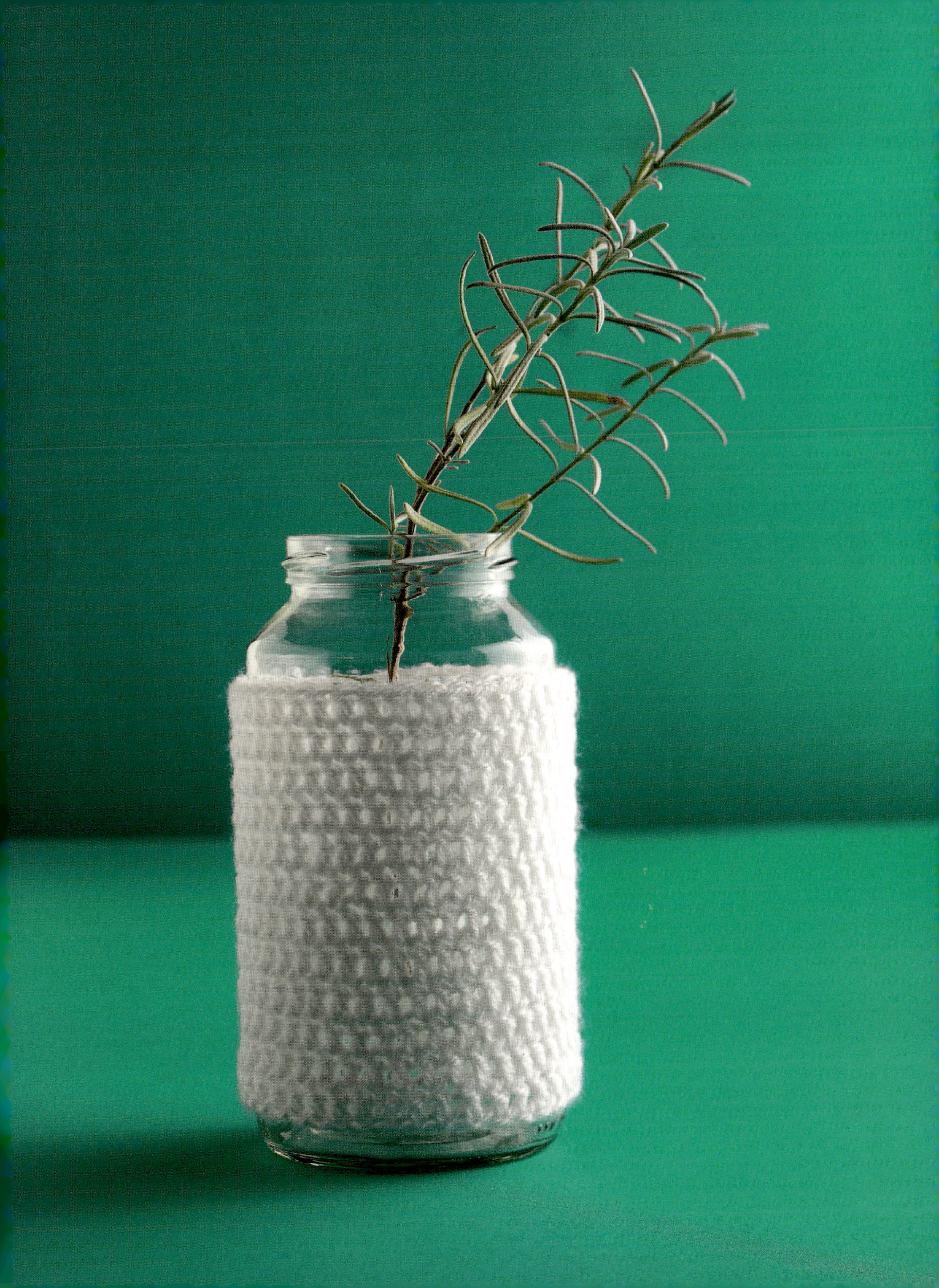

Du kannst die geschlossene Luftmaschenkette nun vom Glas abziehen.

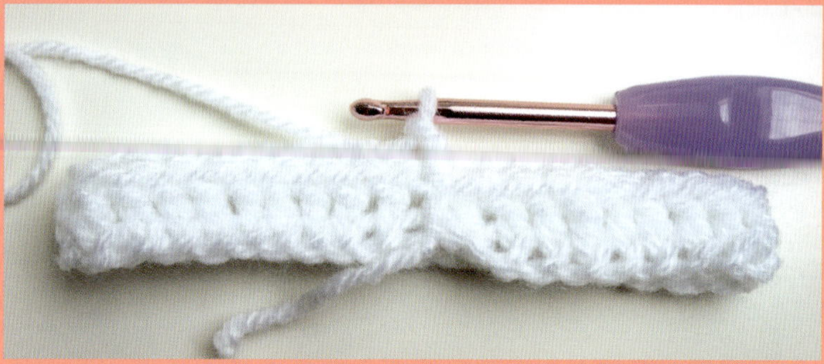

Dann häkelst du weiter in Runden, du musst also die Arbeit nicht wenden. In der 1. Runde häkelst du 3 Luftmaschen. Sie dienen als Steigeluftmaschen für 1 Stäbchen. Nun häkelst du in jede einzelne Masche der Luftmaschenkette 1 Stäbchen. Du schließt die Runde mit 1 Kettmasche in die 3. Steigeluftmasche.

Hier brauchst du nicht unbedingt einen Maschenmarkierer, da du aufgrund der Höhe des Stäbchens gut erkennen kannst, wo eine neue Runde beginnt.

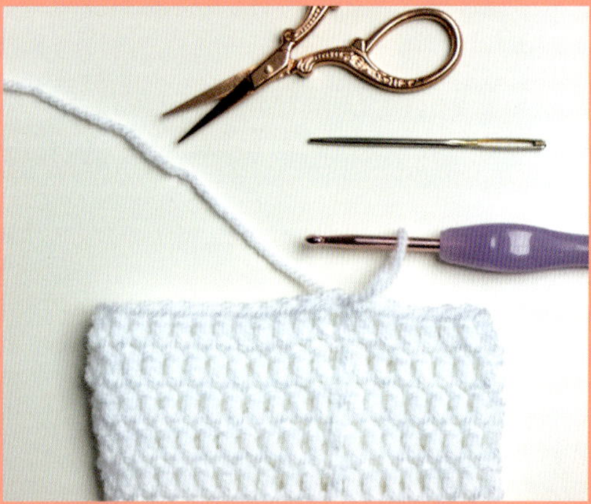

Du häkelst nun wie zuvor weiter, bis die gewünschte Höhe der Vasenhülle erreicht ist. Beginne immer mit 3 Steigeluftmaschen, häkle in jede Masche 1 Stäbchen und schließe die Runde mit 1 Kettmasche in die 3. Steigeluftmasche.

Bist du bei deiner benötigten Höhe angekommen, schneide den Arbeitsfaden ab, ziehe diesen durch die letzte Schlaufe und verknote ihn. Vernähe Anfangs- und Endfaden.

Vielleicht hast du mittlerweile schon mehrere Häkelrosen angefertigt? Diese könntest du nun wunderbar in der Mitte zur Verzierung an die Hülle nähen.

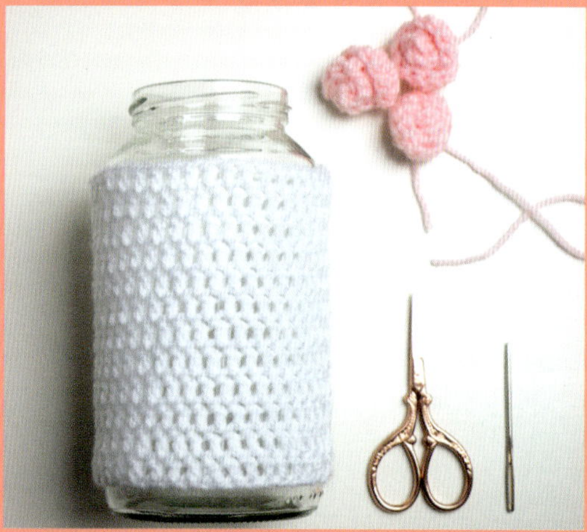

TIPP *Du kannst auch ein kleineres Glas nach dem gleichen Prinzip umhäkeln und es dann als Stiftehalter benutzen oder mit Süßigkeiten füllen und verschenken.*

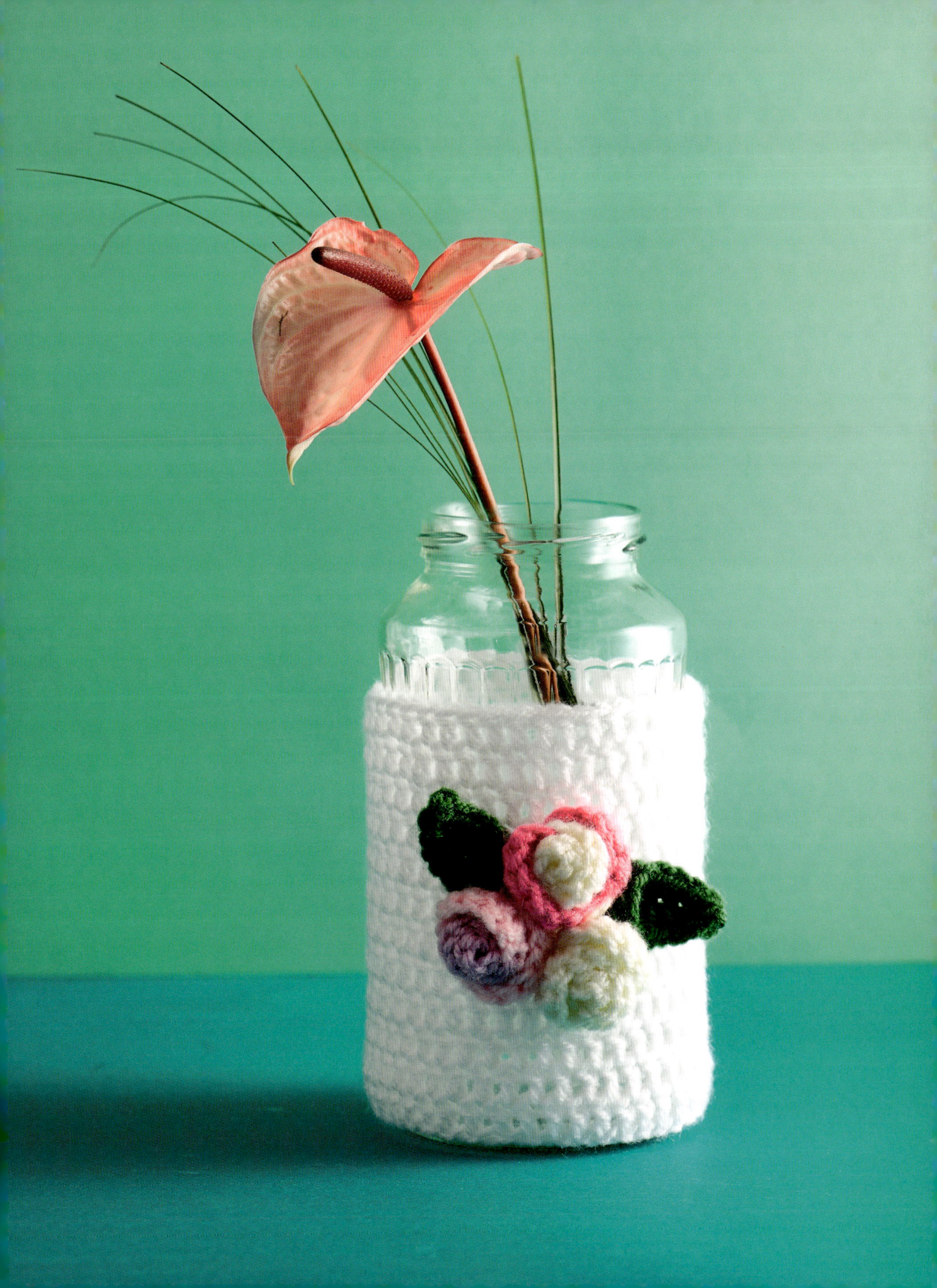

WINDLICHT

Umhäkelte Windlichter sind tolle Geschenke für wenig Geld und können in der Lieblingsfarbe des Beschenkten ganz schnell angefertigt werden. Bei diesem Modell wirst du Stäbchen kombiniert mit Luftmaschen üben. Dadurch entstehen kleine Löcher, die das Kerzenlicht schön durchscheinen lassen. Besonders gut eignet sich dafür ein breites, hohes Glas, das gerade, also nicht bauchig sein sollte.

MATERIAL

- *Schachenmayr Bravo (Lauflänge 133 m/50 g) in Weiß (Farbnummer 8224), 50 g*
- *Häkelnadel 4,0 mm*
- *Wollnadel*
- *Schere*
- *breites, hohes Glas*

SO GEHT'S

Auch bei diesem Projekt beginnst du mit einer Anfangsschlinge und einer Luftmaschenkette. Die Luftmaschenkette muss horizontal um dein Glas reichen. Miss dies am besten direkt am Glas ab und schließe die Luftmaschenkette, ohne sie zu verdrehen, mit 1 Kettmasche in die 1. Luftmasche der Kette.

ACHTUNG: Die Luftmaschenkette muss auf jeden Fall aus einer ungeraden Anzahl von Maschen bestehen.

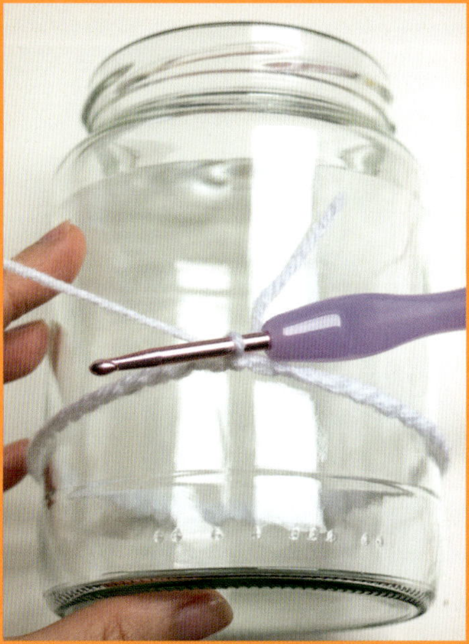

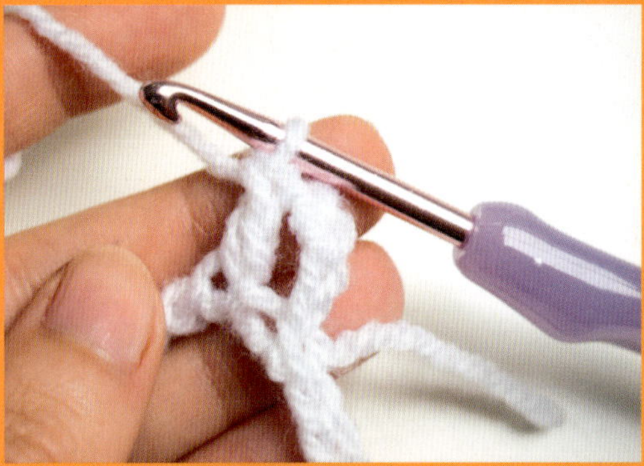

Die Hülle wird in Runden gehäkelt, bis die benötigte Höhe erreicht ist. Starte mit 4 Luftmaschen: Davon sind die ersten 3 Luftmaschen Steigeluftmaschen, die 1 Stäbchen ersetzen und die Höhe für diese Maschenart erreichen. Die 4. Luftmasche dient schon dazu, ein Loch entstehen zu lassen, denn damit wird die 1. Masche überbrückt.

Lasse also nun die 1. Masche aus und stich beim Häkeln des Stäbchens schon in die 2. Masche ein.

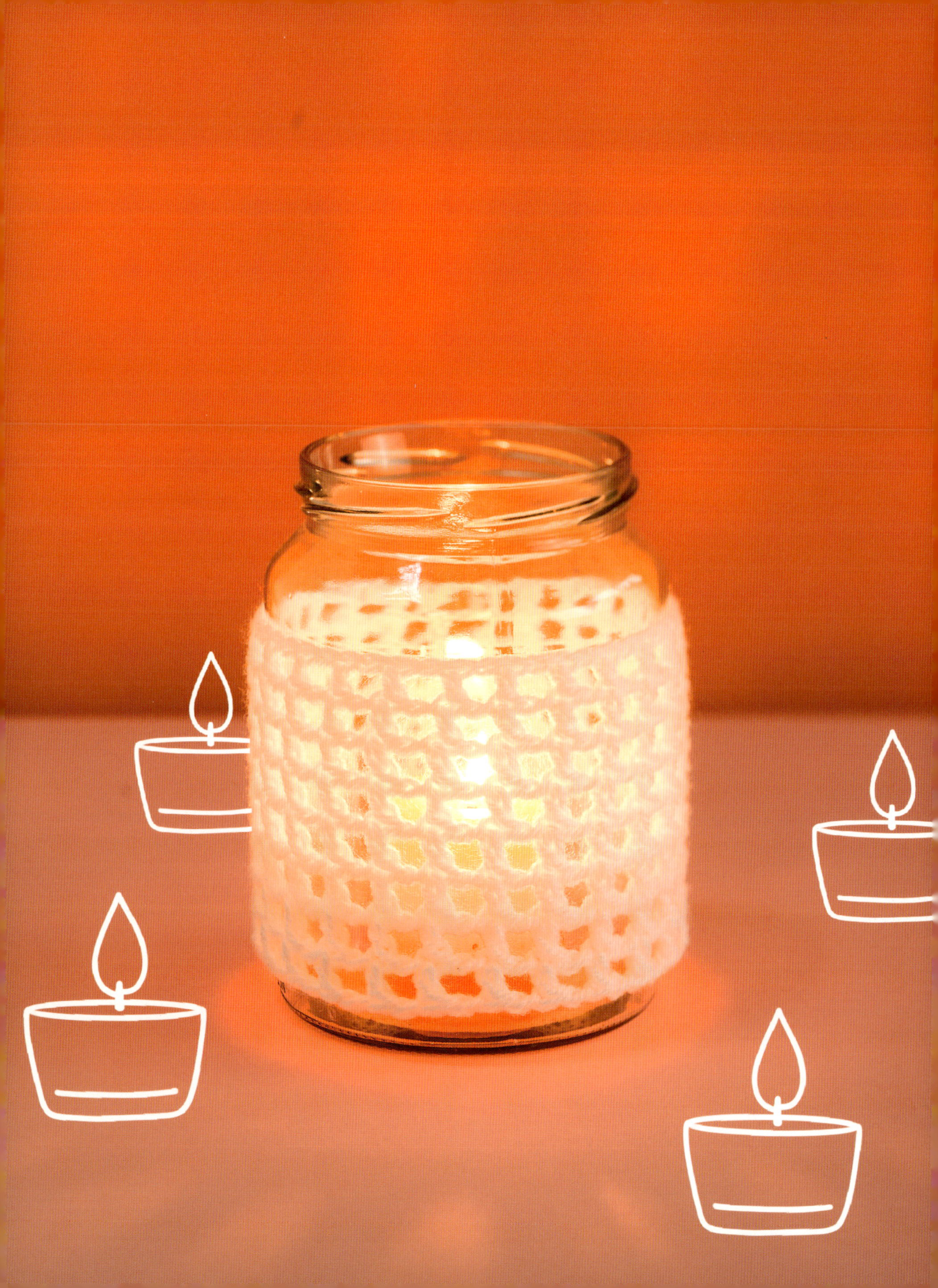

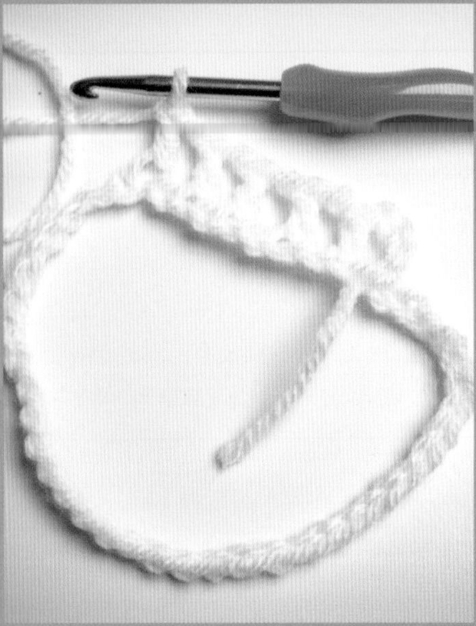

Jede Runde startet mit 4 Luftmaschen, dann 1 Masche überspringen, 1 Stäbchen häkeln, dann immer abwechselnd 1 Luftmasche, 1 Masche überspringen und 1 Stäbchen häkeln.

In der Häkelsprache wird das Ganze so ausgedrückt:

Häkle *1 Luftmasche, 1 Masche überspringen,1 Stäbchen, ab * fortlaufend wiederholen. Der * zeigt dir an, ab wann die Maschenfolge wiederholt werden soll.

Du solltest mit 1 Luftmasche enden. Im Anschluss schließt du die Runde, indem du in die 3. Steigeluftmasche 1 Kettmasche häkelst.

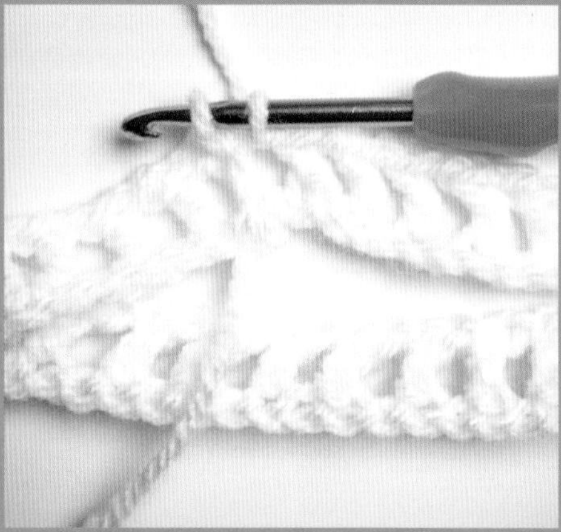

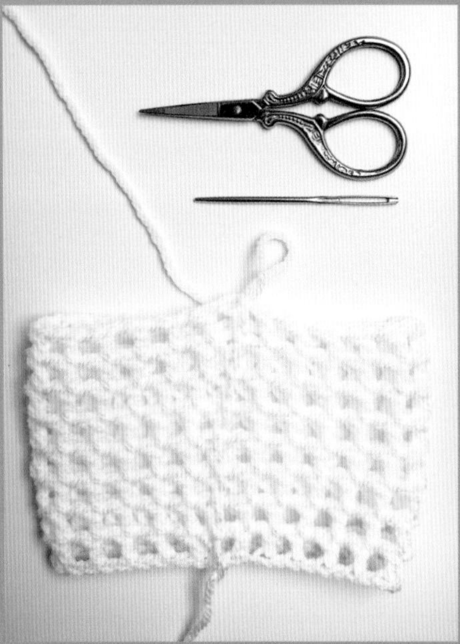

Häkle nun weitere Runden wie zuvor beschrieben. Wichtig ist dabei, dass die Stäbchen übereinander gehäkelt werden. Dazu stichst du genau unter den beiden Maschenschlingen vom Stäbchen der Vorrunde mit der Häkelnadel ein.

Wenn du die gewünschte Höhe der Hülle erreicht hast, schneidest du den Arbeitsfaden ab, ziehst diesen durch die letzte Schlaufe und sicherst ihn. Nun noch Anfangs- und Endfaden vernähen.

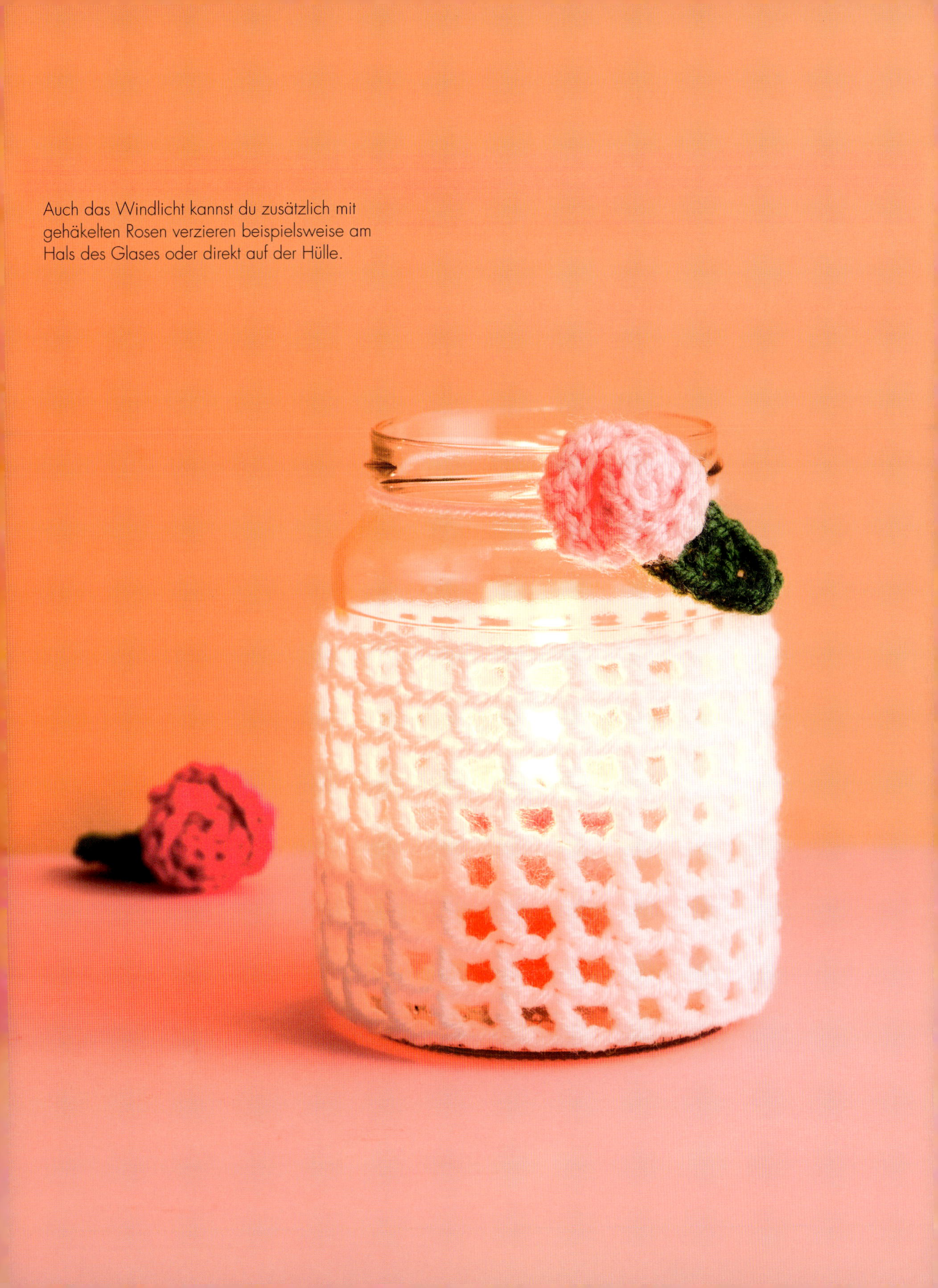

Auch das Windlicht kannst du zusätzlich mit gehäkelten Rosen verzieren beispielsweise am Hals des Glases oder direkt auf der Hülle.

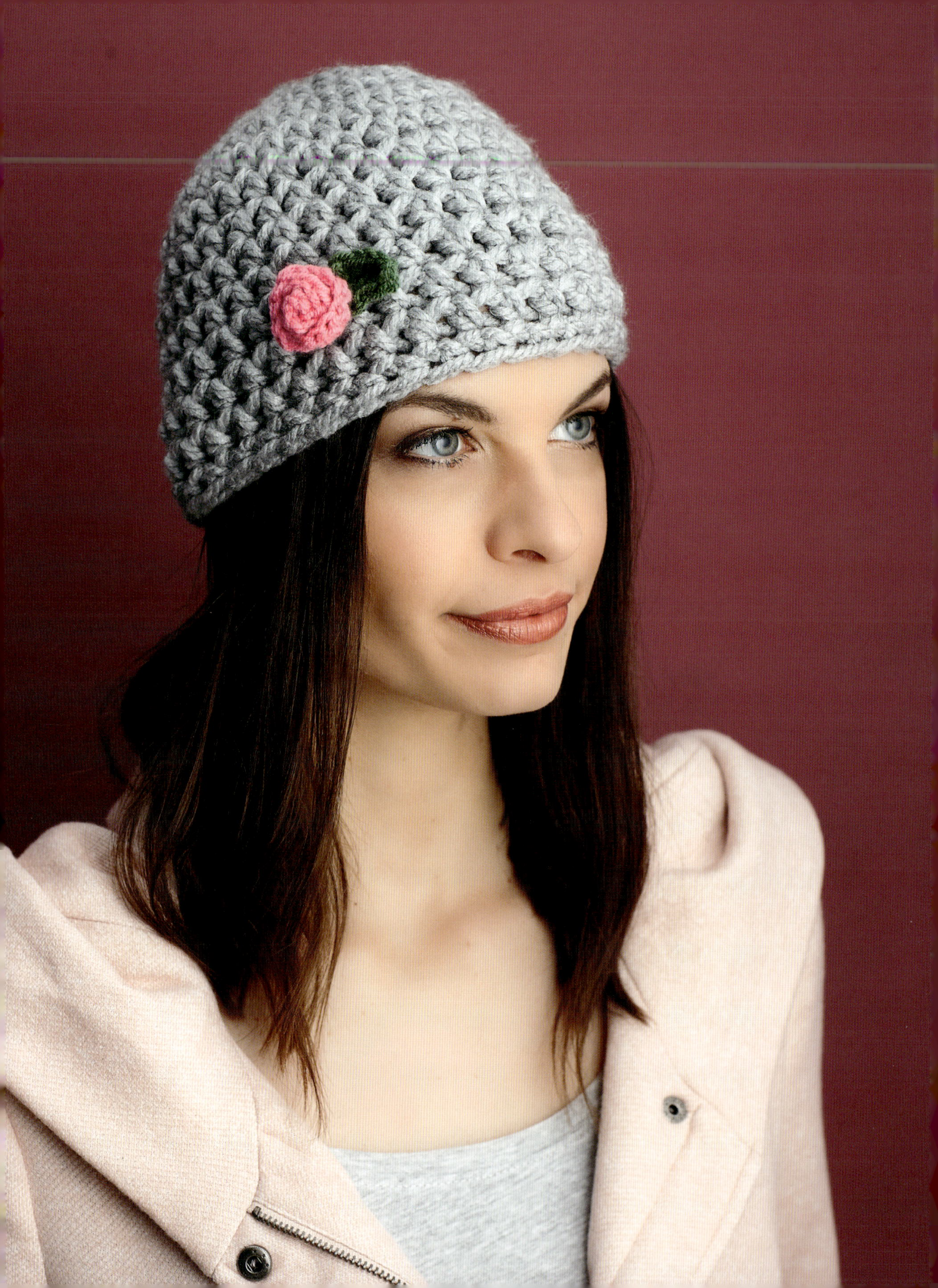

MÜTZE

Es darf auch gerne kuschelig sein. Mit dicker Wolle ist in kürzester Zeit auch ein größeres Projekt fertiggestellt. Wenn du mit einem dickeren Garn häkelst, achte darauf, die passende Häkelnadel dazu auszuwählen.
Bei dieser einfachen, engen Mütze wirst du halbe Stäbchen in Runden mit Zunahmen häkeln. Die Anleitung ist passend für eine Damen-Einheitsgröße mit Kopfumfang von ca. 55 cm.

MATERIAL

- *Schachenmayr Bravo Big (Lauflänge 120 m/200 g) in Hellgrau meliert (Farbnummer 190), 200 g*
- *Häkelnadel 10,0 mm*
- *Wollnadel*
- *Schere*

SO GEHT'S

Du beginnst die Mütze am Oberkopf mit dem Häkeln des Mützentellers.

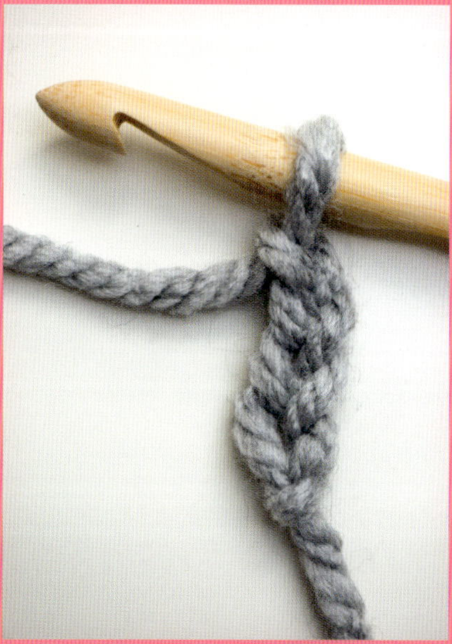

Du startest mit einer Anfangsschlinge und einer Luftmaschenkette aus 4 Luftmaschen.

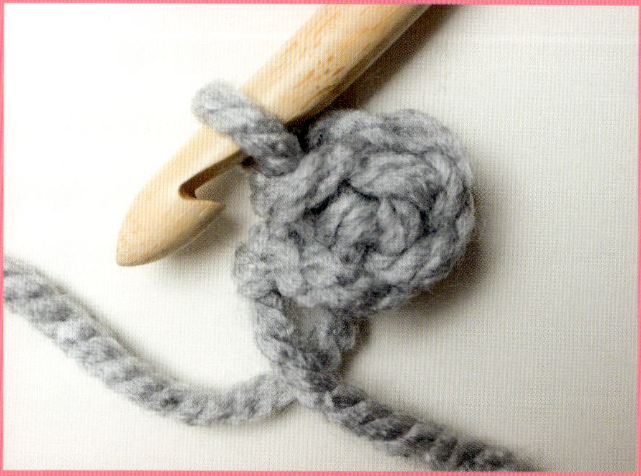

Schließe die Luftmaschenkette zu einem kleinen Kreis, indem du in die 1. Luftmasche 1 Kettmasche häkelst.

1. Runde: Häkle 2 Steigeluftmaschen. Im Anschluss häkelst du 11 halbe Stäbchen in die Mitte des Kreises, das heißt für jedes einzelne halbe Stäbchen stichst du in die Mitte des Kreises ein. Schließe die Runde mit 1 Kettmasche in das 1. halbe Stäbchen.

2. Runde: Häkle erneut 2 Steigeluftmaschen. Jetzt wirst du in jede Masche eine Zunahme häkeln, damit dein Kreis größer wird. Dazu häkelst du in alle 11 Maschen jeweils 2 halbe Stäbchen und schließt am Ende den Kreis wieder mit 1 Kettmasche in das 1. halbe Stäbchen. Du hast am Ende dieser Runde insgesamt 22 Maschen.

3. Runde: Häkle 2 Steigeluftmaschen. Nun wird nur jede 2. Masche verdoppelt. Das heißt du häkelst in die 1. Masche *1 halbes Stäbchen, in die 2. Masche 2 halbe Stäbchen, wiederhole diese Abfolge ab * fortlaufend bis zum Ende der Runde und schließe diese mit 1 Kettmasche in das 1. halbe Stäbchen. Jetzt solltest du insgesamt 33 halbe Stäbchen gehäkelt haben.

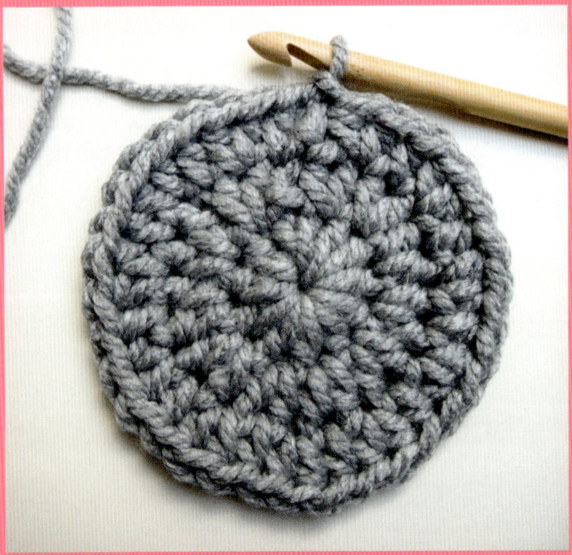

Damit ist der Mützenteller für die Damenvariante fertiggestellt.

4.-11. Runde: Diese Runden sind alle gleich. Du startest mit 2 Steigeluftmaschen, häkelst in alle 33 Maschen 1 halbes Stäbchen und schließt die Runde mit 1 Kettmasche in das 1. halbe Stäbchen.

12. Runde: In der letzten Runde startest du mit 1 Steigeluftmasche, dann häkelst du in jede Masche 1 feste Masche. Das ergibt einen schönen Rand für die Mütze. Du schließt die Runde mit 1 Kettmasche in die 1. feste Masche.

Schneide den Arbeitsfaden ab und ziehe ihn durch die letzte Schlinge. Verknote diesen und vernähe Anfangs- und Endfaden.

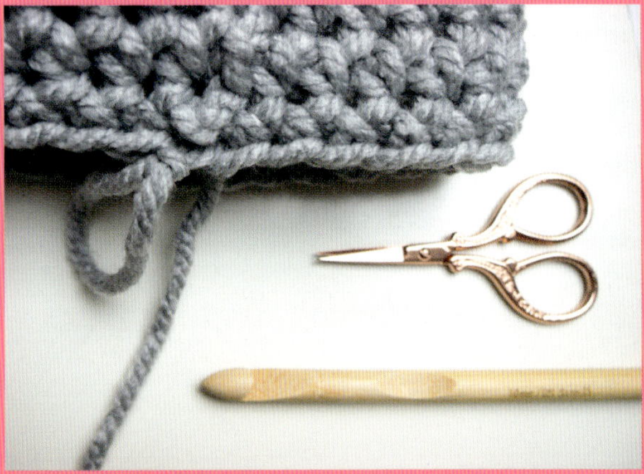

Die Mütze kann ganz schlicht bleiben, mit einem großen Bommel oder einer gehäkelten Rose an der Seite verziert werden.

TIPP *Mit dem Durchmesser des Mützentellers kannst du die Größe der Mütze variieren. Diese Häkelanleitung kannst du dann auf andere Kopfgrößen anpassen, benutze dazu ggf. auch dünnere Wolle.*

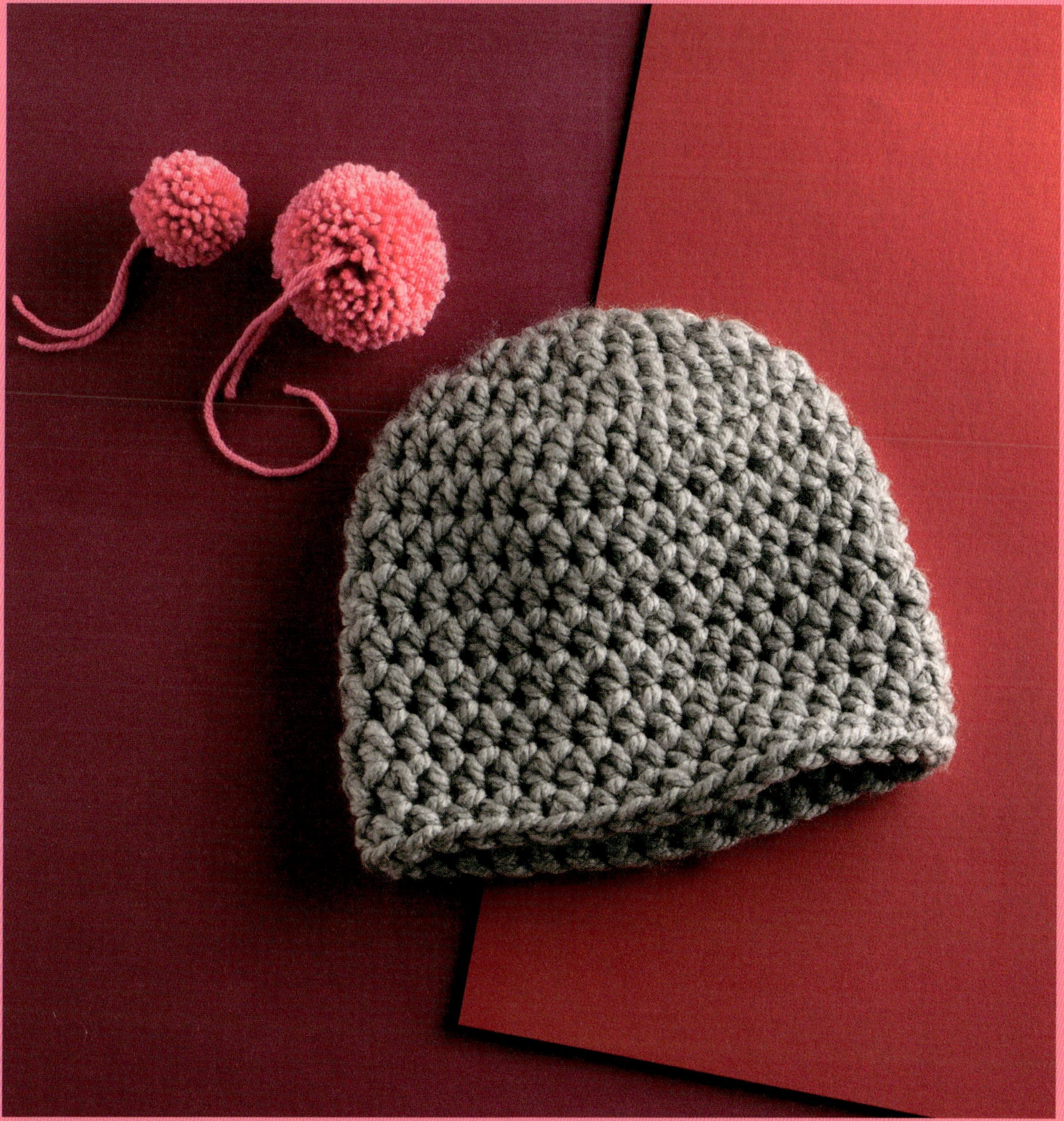

Mit dieser Formel kannst du berechnen, wie groß der Mützenteller passend zum gewünschten Kopfumfang sein muss: Kopfumfang : 3,14 = Mützenteller

BEISPIEL: Eine Herrenmütze soll einen Kopfumfang von 58 cm heben, also: 58 : 3,14 = 18,47 cm

Wenn du ein leicht dehnbares Material für die Mütze verwendest (was bei den meisten Mützengarnen der Fall ist), kannst du vom Ergebnis noch einmal ca. 1-2 cm abziehen. In diesem Bereich sollte dann der Durchmesser deines Mützentellers liegen.

UND WEITER GEHT'S ...

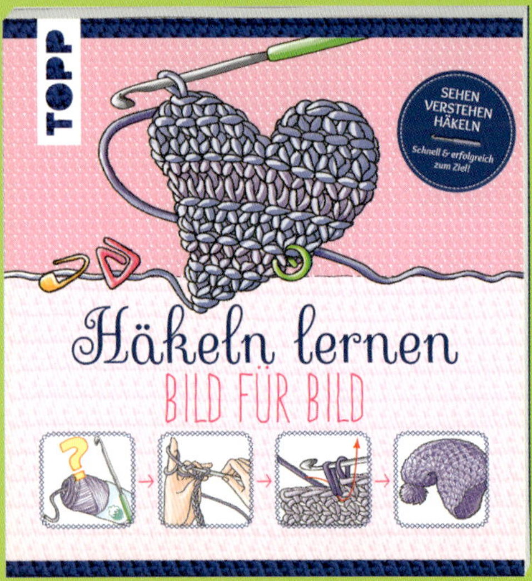

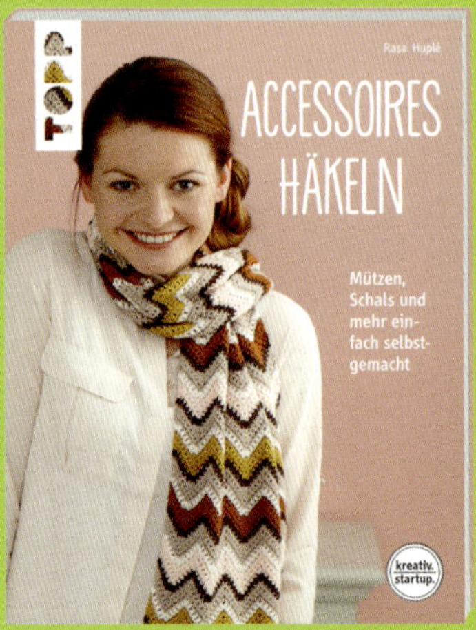

Die Grundlagen sind geschaffen und jetzt kann es weitergehen! Die Welt von Wolle und Häkelnadel ist riesig und bietet unendliche Möglichkeiten.

Du suchst weitere Anregungen und Modelle? Hier findest du einige Titel, die dir helfen, dein neues Hobby zu vertiefen und viele schöne Modelle zu häkeln. Weitere Informationen zu Büchern und Neuheiten sowie interessante Titel findest du unter www.topp-kreativ.de

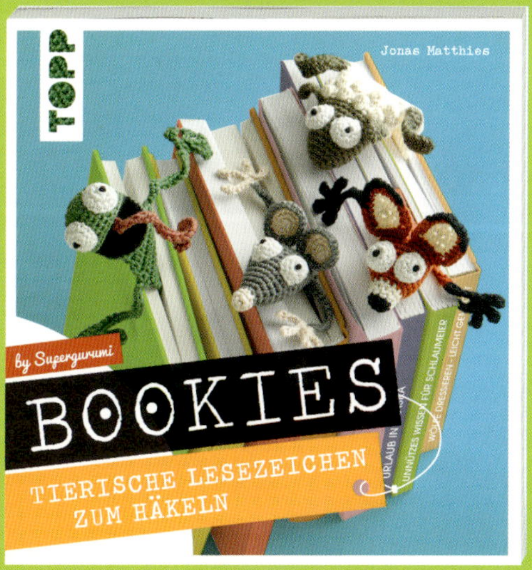

BOOKIES. TIERISCHE LESEZEICHEN ZUM HÄKELN BY SUPERGURUMI

- Die beliebtesten Tiere als Lesezeichen zum Selberhäkeln.
- Alle Tiere haben einen ganz eigenen Charakter und sind dank vieler Schrittbilder und ausführlicher Häkel-Anleitung leicht nachzumachen.
- Der vegane Löwe Leopold zum Beispiel würde dem Leser gerne zeigen, an welcher Stelle des Buches es weitergeht.

ISBN 978-3-7724-8127-7

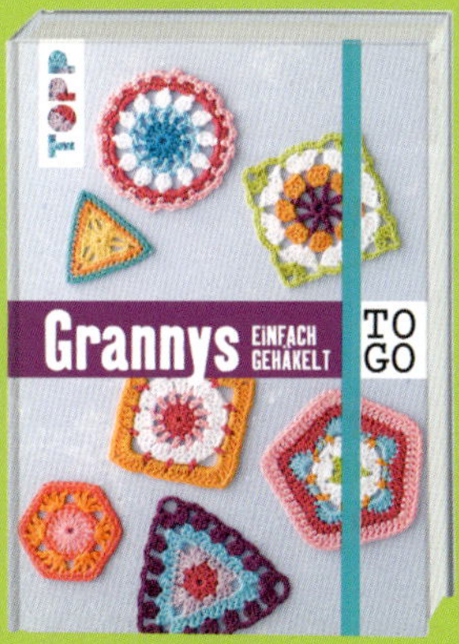

HÄKELN TO GO

- Formenvielfalt: Anleitungen für runde, quadratische, drei-, fünf- und sechseckige Grannys.
- Modische Accessoires, Homedeko und Kinderspielzeug werden aus den unterschiedlichen Grannys gehäkelt.
- Das Buch im Pocketformat mit Unterwegs-Ausstattung.

ISBN 978-3-7724-6470-6

ÜBER DIE AUTORIN

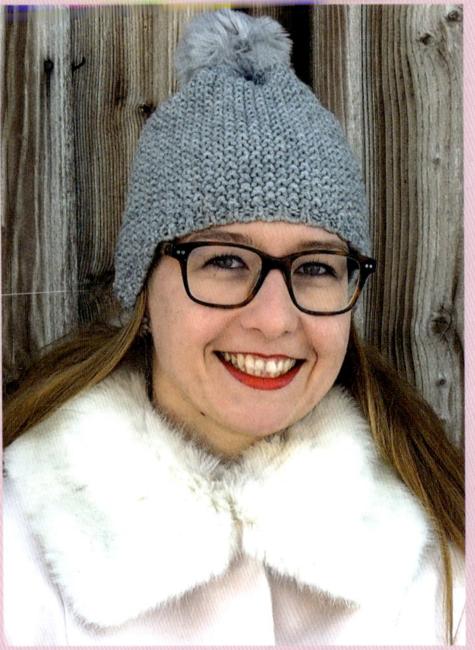

© Privat

Hallo, ich bin Fanny. Ich lebe seit einigen Jahren mit meiner Familie in Bayern. Ich liebe Wolle und Reisen.
In meiner Kindheit zeigte mir bereits meine Oma, wie man Luftmaschen häkelt. Die große Liebe zur Wolle und Handarbeit entwickelte sich allerdings erst in den letzten Jahren. Dieses Hobby ist ein wunderbarer Ausgleich zu meinem Vollzeit Bürojob – mein ganz persönliches „Gehirnyoga".
Ich bin ständig Fernweh geplagt und bei meinen Reisen immer mit einer Tasche voll Wolle unterwegs. Auf meinem Blog berichtete ich über Ideen mit Wolle sowie Reisen und Ausflüge.
Du findest mich im Internet:
Facebook: facebook.com/yarnaroundtheworld
Pinterest: pinterest.de/yarnaroundtheworld
Instagram: @yarnaroundtheworld
Web: www.yarnaroundtheworld.com

IMPRESSUM

FREISCHALTCODE *für die Videos: 17468*

FOTOS: frechverlag GmbH, 70499 Stuttgart; Fanny Mitula (Arbeitsschrittfotos); lichtpunkt, Michael Ruder, Stuttgart (alle übrigen)

ILLUSTRATIONEN: schwab:illustrationen, Ursula Schwab, Haselund (Seite 16); Christin Stapff, Neuenhagen (alle übrigen)

PRODUKTMANAGEMENT: Mareike Upheber

LEKTORAT: Petra Puster, Niederpöcking

GESTALTUNG: Nakischa Scheibe, Sophia Höpfner

SATZ: Petra Theilfarth

DRUCK UND BINDUNG: Livonia Print SIA, Lettland

4. Auflage 2021

ISBN 978-3-7724-8117-8 · Best.-Nr. 8117